Gerhard Engelsberger · Wenn Ehen sterben

Gerhard Engelsberger

Wenn Ehen sterben

Verstehen – trauern – neu anfangen

Kreuz

Neu gestaltete Ausgabe des erstmals 1995 erschienenen Titels
Scheidung auf evangelisch. Warum auch Christen sich
trennen dürfen

1 2 3 4 5 02 01 00 99 98

Postfach 80 06 69, 70506 Stuttgart, Tel. 0711-78 80 30
Umschlaggestaltung: Jürgen Reichert, Stuttgart
Umschlagfoto: Pro-Studio Flaig, Stuttgart
Gesamtherstellung: Clausen & Bosse, Leck
ISBN 3 7831 1639 2

Inhalt

Vorwort

Ich glaube
an die Ohnmacht des Uhrzeigers
an den Sieg der Moose und Flechten
an die trotzige Verspieltheit des Ginsters
an die Macht der Unvernunft
und die Kraft des Gebets

Ich glaube
an die Vorläufigkeit des Infarkts
an die Begrenztheit der Prognosen
an den sanften Ruf des Wächters
an die Heiterkeit des Sandkorns
an Gottes grenzenloses ICH BIN

G.E.

Muß man das alles, den Ekel, den Haß, die Schuld, die Demütigung, die finanzielle Not, die Zukunftsangst, die Mauer des Schweigens, den Verlust der meisten Freunde selbst durchlitten haben, um verstehen zu können, was den mittlerweile jährlich über 300 000 Geschiedenen geschah und geschieht? Seit Jahren beobachte ich erstaunt, daß man einen Pfarrer auch deshalb als Seelsorger akzeptiert, weil er durch dieselben Tiefen gegangen ist.

Ich habe den tiefen Wunsch, daß meine Kirche endlich allergrößte Energie darauf verwenden möge, aus Liebe zu den Verwundeten und aus Ehrfurcht vor dem Leben Menschen in dieser Lebenskrise zu begleiten, damit das Ordnen der Scherbenhaufen nicht dem jeweils ortsansässigen geschäftstüchtigen Partyservice, dem Zufall oder dem Schweigen überlassen bleibt. Nicht nur die beiden Ehepartner sind in Pflicht und Verantwortung genommen, wenn sie – verbunden mit der Bitte um Gottes Beistand – versprechen: »...bis der Tod uns scheidet«. Auch wir »gehören dazu«, die wir ihnen die Frage stellen, sie mit Fürbitte und Segen am Anfang begleiten. Wer Gottes Wort zuspricht am Anfang einer Ehe und in der Hoffnung auf Gelingen, bleibt das ganze Evangelium schuldig, wenn er am Ende und angesichts des Scheiterns schweigt oder die eh schon Gestraften ausgrenzt.

Ich habe eine Sekte erlebt, die ein Mitglied so lange intensiv betreute und besuchte, solange es gesund oder – mit Hoffnung auf Genesung – krank war. Als unwidersprochen klar war, der Mensch wird an dieser Krankheit sterben, blieben die Besuche schlagartig aus. Der Tod paßte nicht in die Glaubenslehre, die Gesundheit versprach und Heilung. Ähnlich ist es mit den Kirchen bei der Scheidung. Solange die Hoffnung auf »Rettung der Ehe« besteht, wird noch ein großer Aufwand betrieben. Besteht keine Hoffnung mehr, herrscht Sprachlosigkeit, Verdrängung, Schweigen.

Die Zahl der Bücher mit psychologischen und juristischen Lebenshilfen für Getrennte oder Geschiedene ist groß. Es mangelt an pastoraler, an religiöser Hilfestellung. Ich möchte aus der Seelsorge mit Getrennten und Geschiedenen diese von manchen sehr schmerzlich empfundene Lücke ein wenig schließen helfen, wobei sich, wie wohl immer, wenn Menschen sich in großer Nähe begegnen, eigene und fremde Wunden, eigene und fremde Heilungsversuche unmerklich mischen.

In Liebe und großer Dankbarkeit meiner Frau Simone.

Wiesloch, Sommer 1995 *Gerhard Engelsberger*

Irren

Wir haben den Weg verloren. Plötzlich geht es im dichten Gebüsch nicht mehr weiter. Berge von Blättern, Geäst, Schneereste. Verlegen schaue ich sie an. Ich kenne mich hier doch aus, habe die Abkürzung selbst vorgeschlagen. Peinlich, nun zuzugeben, daß ich mich verlaufen habe. Der Nebel wird dichter, es ist späterer Nachmittag.

Sie hatte mich angerufen und um ein Gespräch gebeten. Eine warme, sympathische Stimme. Aber auf irgendeine Weise gebrochen. Am Telefon hatte ich den Eindruck, sie überlegt jeden Satz zweimal. Und dann ist es noch lange nicht sicher, daß sie ihn auch ausspricht. Einerseits gehemmt, andererseits sprudelnd und fast hemmungslos. Verletzte reden so, Menschen mit schlechten Erfahrungen. Später erfahre ich, daß sie mich schon dreimal angerufen und bei meinen ersten Worten wieder aufgelegt hatte. »Ich war noch nicht so weit«, sagt sie. »Und vergangenen Freitag hatte ich den Eindruck, jetzt ist es gut.«

Wir waren nach einigen belanglosen Sätzen – »Haben Sie gut hierhergefunden? Schön, wenn die Sonne wieder mal rauskommt! Wer ist jetzt bei Ihren Kindern? Ich will Ihre Zeit aber nicht zu lange beanspruchen.« – ins Auto gestiegen und hierhergefahren.

Am Telefon hatte ich gesagt: »Vormittags habe ich Schule, um 14 Uhr eine Beerdigung. Könnten Sie sich vorstellen, daß wir einfach miteinander spazierengehen?« – Zögern. Zweimal überlegen. Risiken kalkulieren. »Ja«, sagt sie, »aber nur, wenn ich auch heil wieder nach Hause komme.« Und nach kurzem Zögern: »Das hab' ich jetzt nicht so ernst gemeint.«

Und nun haben wir den Weg verloren. Keine Kirchturmuhr, kein Wanderer, keine Landkarte, kein Engel. Ich spüre, daß sie zu zittern beginnt. Eine Futterstelle für Rehe, dichter Laubwald, spärlich dazwischen die eine oder andere müde und schwere Fichte. Nirgendwo ein Weg. Was sie nun von mir denkt, wo doch ihre größte Sorge die ist, was die Leute von ihr denken?

Die Wetterseite! (Doch ein Engel?) »Die Wetterseite«, sage ich, »an der Wetterseite der Bäume erkennt man die Himmelsrichtung.« Sie schaut mich an, und dann ist es wieder da, dieses befreite Lachen, das man den Festgefahrenen so sehr wünscht und das dann doch so schnell umschlägt, wenn man ihnen zu nahe kommt.

»Wenn's danach ginge«, sagt sie, »dann wären Sie bei mir aufgeschmissen. Bei mir wachsen überall Flechten und Moose.«

Ich muß etwas irritiert geschaut haben.

»Bei mir gibt es keine geschützte Stelle mehr«, sagt sie. »Ich bin nur noch Wetterseite. Von allen Seiten.« Und dann geht sie los. Die Büsche sind hier zu dicht. Ich kann sie nicht überholen. Ob sie weint oder lacht, ich weiß es nicht. »Na, mein Pfarrer«, sagt sie, als wir den Weg erreichen, »Angst gehabt?«

Zehn Minuten im Nebel, ohne Weg, ein kurzes und doch sehr intensives Spiel der Möglichkeiten und der Abwege. Nun haben wir wieder »festen Boden« unter den Füßen. Aber wir sind beide um eine Erfahrung reicher – und freier. »Das ist es«, sagt sie. »Was passiert, wenn man sich verlaufen hat?«

(Jetzt nicht dazwischenreden! Jetzt keine Weisheiten aus der Bibel und keine runden Bilder aus der eigenen Geschichte. Jetzt einfach weitergehen, Blick auf gebrochene Äste, zerspellte Felsen, müde Zweige. Bis zur nächsten Weggabelung schweigen.)

»Was ist, wenn man sich verlaufen hat?«

»Die Wetterseite«, sage ich.

»Das ist mir ein schöner Gott«, sagt sie.

»Schön vielleicht nicht«, sage ich, »aber ehrlich.« Und greife in den pappigen Schnee, ziele wie ein übermütiger Junge auf irgendeinen Stamm und werfe weit daneben.

Es gibt wenige Irrtümer, für die man so lange und so vielseitig bezahlt wie für den Irrtum, zum falschen Mann oder zur falschen Frau einmal »Ja« gesagt zu haben. Später ist man immer klüger. »Besser zweimal fragen als einmal irregehen«, sagt der Volksmund. Oder noch flapsiger: »Drum prüfe, wer sich ewig bindet...«

Ich suche einen Weg, der aufrechten Gang ermöglicht. Ich suche eine Weite, die neue Entscheidungen erlaubt. Ich suche den Engel, der im Nebel den Weg kennt. Ich möchte, daß ein Irrtum korrigiert werden kann. Ich suche einen Weg zwischen katholischer »Ehenichtigkeitskasuistik« (ein furchtbares Wort) und protestantischer Lässigkeit (Scheidung ist doch heute kein Problem mehr).

Irgendwie hecheln wir immer hinterher.

»Sie« haben der Welt den Mittelpunkt genommen. Wir bestanden auf der Erde, um die sich alles dreht.

»Sie« haben dem Menschen Vorfahren aus dem Tierreich präsentiert. Wir bestanden auf der Krone der Schöpfung.

»Sie« haben die Bibel zerpflückt, und wir retteten uns mit dem Spruch, daß Gott auch auf krummen Linien gerade schreiben könne.

»Sie« haben unser Innenleben zerlegt und unsere »Triebe« entdeckt. Wir zogen die Krawatte enger und sagten: Aber ich nicht! Wenn überhaupt, dann die anderen.

Es gleitet uns so vieles aus der Hand. Nach zwei Kriegen, nach Auschwitz und Hiroshima, nach Seveso und Mölln – alles Wetterseite. Nichts mehr sicher. Kein Lot mehr, kein

Leuchtfeuer, keine gemeinsamen Regeln. Als ob wir von vorne begännen, nur mit der Hypothek, daß wir uns selbst durchschauen.

»Irren ist menschlich.« Ein dem Kirchenvater Hieronymos nachgesagter Satz. Ein befreiender Satz. Da steht nicht: »Irren ist Sünde.« Da steht: »Irren ist menschlich.« Heißt das, daß Menschen sich irren dürfen? Heißt das, daß ich den Irrweg nicht bis zum bitteren Ende gehen muß? Heißt das, daß Umwege erlaubt sind?

Tage später. Im Pfarramt, drei Wände Bücher, eine Fensterfront. Eine kleine Kerze auf dem runden Tisch. Nur die Witwe und ich. Kein Telefon, nur der unruhige Takt meiner Wanduhr vom Mannheimer Trödler. »Warum wird man für einen Irrtum ein Leben lang bestraft? Woher hätte ich damals wissen sollen, daß er sich so entwickelt? Meine Ehe war eine einzige Tortur. 37 Jahre lang hat er mich ausgenützt, fertig gemacht, verachtet.«

Wie gut ich das kenne. Wie schwer ich es aber immer noch verstehe. Da sitzt sie in Schwarz, und wir reden über die Beerdigung ihres Mannes übermorgen. Und sie hat keine Träne, kein gutes Wort. Und, was fast noch schlimmer ist: Sie hat auch sich selbst aufgegeben. »Und jetzt bin ich zu alt. Mit 63 ist das Leben vorbei.« Sie ist mürbe, müde, verbittert. Hat nicht einmal mehr Tränen für das eigene Elend, zu lange ist ihr eingebleut worden: »Du hast es ja selbst so gewollt...«

Weit mehr als die Hälfte der Seelsorgebriefe, die ich von Rundfunkhörern oder Fernsehzuschauern bekomme, kreisen um das Thema Ehe, Trennung, Scheidung. Nicht anders verhält es sich mit den Seelsorgegesprächen in der Gemeinde. Menschen suchen einen verantwortbaren, ehrlichen Weg zwischen oberflächlichem »Na, dann laß ich mich halt scheiden...« und »Das ist mir so auferlegt; das muß ich aushalten...«. Viele Frauen in der Lebensmitte denken nicht mehr in den Kategorien der Opfersprache, wenn es um Ehe, Sexualität, Trennung geht. Sie möchten einen Irrtum korrigieren und suchen Klarheit über den Preis. Sind nicht bereit, diesen Irrtum »auf sich sitzen zu lassen«, wollen notfalls unter schlechteren Bedingungen noch einmal »neu anfangen«. Sie suchen über das gute Zureden der Freunde, den juristischen Beistand des Anwalts und die soziale Absicherung durch die Gesetzgebung bei einem Pfarrer Antwort auf die Frage, ob die Kirche – ob Gott – bei den seelischen Konflikten angesichts des Scherbenhaufens auf ihrer Seite ist, Verständnis hat. Daß die Trennung richtig ist, wissen sie in der Regel längst vorher. Sie fragen, ob sie »in Ordnung« ist, ob ihnen diese »andere Instanz« auch entgegenkommt. Sie suchen weniger noch einem Rat, ob sie sich scheiden lassen sollen oder nicht. Sie suchen nach einem priesterlichen Begleiter auf dem Weg über den Berg.

Über Jahrhunderte hinweg galt als Antwort, was aus dem folgenden Brief spricht:

Eine Frau, 67 Jahre alt:
»Eigentlich sollte man alle zehn Jahre den Partner wechseln. Das ist meine Lebenseinsicht. Sie fragen, wie ich darauf komme? Aus Liebe habe ich 1953 meinen Mann geheiratet. Doch alles war ein großer Irrtum. Daß er ein Alkoholiker war, hatte ich mit meiner rosa Brille übersehen. Bald kamen Depressionen dazu, die sich im Laufe von 34 Jahren Ehe zunehmend steigerten. Im Oktober 1987 nahm er sich das Leben. –

An seinem Geburtstag bringe ich ihm immer rote Rosen aufs Grab, wie er mir zum Hochzeitstag auch jedes Jahr einen Strauß schenkte. Er hatte gute Seiten. Doch der Alkohol, die Krankheit waren stärker.

Zwei Monate nach der Hochzeit gab er mir deutlich zu verstehen, daß er mich nur geheiratet hatte, um versorgt zu sein. Für mich brach damals eine Welt zusammen. Da war ich schon schwanger. Zehn Monate nach der Hochzeit kam unser Sohn auf die Welt, drei Jahre danach unsere Tochter. Heute weiß ich, daß es Berechnung war. Er wußte, wenn mal Kinder da sind, kann ich nicht mehr von ihm gehen. 34 Jahre habe ich ausgehalten, erst wegen der Kinder, später – weil er krank war.

›In guten und in schlechten Zeiten‹, heißt es am Altar, ›bis daß der Tod euch scheidet‹. Ja, habe ich gesagt.

Aber wie oft kamen mir die Gedanken: Könnte unsere Ehe nicht leichter verlaufen? Heute frage ich mich oft, wie habe ich das so lange ausgehalten. Gott gab mir die Kraft . . .«

Welche tiefe Tragik spricht aus diesem Brief! Ich bin gewiß, daß weder eine unerträglich demütigende und zermürbende Ehe noch die Einhaltung eines vor Gott und dem Ehepartner gegebenen Versprechens, dessen Grundlage sich später radikal änderte oder als falsch erwies, von Gott als »Opfergang« gefordert ist. Irrtümer dürfen, noch deutlicher: sollten korrigiert werden.

Sich »irren« hat ursprünglich die Bedeutung »die Orientierung verlieren, vom Weg abkommen, umherschweifen«. Ist der Weg aus der Orientierungslosigkeit erkannt, aber durch »Gesetze« verbaut, stellt sich die Frage nach den Prioritäten: Ist das Gesetz um des Menschen willen oder der Mensch um des Gesetzes willen da?

Der Heilungsprozeß hat begonnen, wenn ich meinen Irrtum nach intensiver Prüfung erkannt habe. Dann darf mir doch – um des Lebens willen – nicht die Aufrechterhaltung des Irrtums zur Pflicht gemacht werden. Nur wenige haben bei diesem Opfergang den inneren Frieden gefunden. Viele sind zerbrochen, bitter geworden. In der Mehrzahl waren dies eben Frauen.

Wenn ich es richtig verstehe, dann ist die Bibel ein grandioses Zeugnis dafür, daß Gott es nicht aufgibt, menschliche Irrtümer durch Liebe zu korrigieren. Nicht zu den

Gesunden, zu den Kranken ist Jesus als Arzt gesandt. Dem verirrten Schaf gilt seine ganze Anstrengung, den irregeleiteten Menschen in Jerusalem seine ganze Trauer.

»Wir gingen alle in die Irre wie Schafe, ein jeder sah auf seinen Weg. Aber der Herr warf unser aller Sünde auf ihn« (aus Jesaja 53).

Wir gingen alle in die Irre wie Schafe. Ein jeder sah auf seinen Weg. Keiner achtete die Wetterseite des anderen. Keiner fragte, ob sich der andere übernimmt. Einer des anderen Programm. Einer des anderen Bildschirm. Einer des anderen Lüge. Einer des anderen Tod.

Ich suche nach Wegen aus diesem Nebel und meine: Irren ist menschlich. Gott erlaubt uns die Korrektur. Und eben nicht mit einem »Tintenkiller«, nicht mit dem Messer. Er schlägt für uns eine neue Seite auf. Das verstehe ich unter »Vergebung«.

Scheiden

Am Anfang war die Scheidung...

Nein, Blasphemie ist nicht meine Absicht. Und doch ist es augenfällig, daß wir die Bibel eher mit Harmonisierungsabsicht lesen, Ehe und Familie, Gemeinschaft und Harmonie aus ihr zu begründen suchen, weniger oder gar nicht das andere: die Trennung.

So wie inzwischen Millionen von »Singles« vergeblich auf eine gute Nachricht von der Kanzel hoffen – sie kommen nur als Gescheiterte, Beziehungsunfähige, Unsolidarische vor, als Problem- oder Seelsorgefall –, so wenig wird man vordergründig gerade in der Bibel nach Trennungsgeschichten suchen. Trennung und Scheidung ist bestenfalls ein Unfall, ein Mißgeschick, ein Leiden, ein Opfergang, eine Schuld – nicht aber die mögliche und auch von Gott gesegnete Möglichkeit zu neuem Leben.

Seit wie vielen Generationen entwickelt die Kirche eher ein Verständnis für die verzweifelten Jünger, die in ihrer Trennungsangst ihren Herrn »für sich behalten« wollen, als daß sie im Geist Jesu einübt in »abschiedliche Existenz« (Verena Kast).

Von Biologen erfahren wir, daß Differenzierung, Trennung, Teilung der eigentliche Beginn des Lebens ist. Die Bibel hat in ihren Schöpfungserzählungen die Erinnerung daran bewahrt:

»Da schied Gott das Licht von der Finsternis und nannte das Licht Tag und die Finsternis Nacht. Da ward aus Abend und Morgen der erste Tag.

Und Gott sprach: Es werde eine Feste zwischen den Wassern, die da scheide zwischen den Wassern. Da machte Gott die Feste und schied das Wasser unter der Feste von dem Wasser über der Feste. Und es geschah so.

Und Gott sprach: Es werden Lichter an der Feste des Himmels, die da scheiden Tag und Nacht und geben Zeichen, Zeiten, Tage und Jahre...« (aus 1. Mose 1).

Scheiden, trennen, absondern ist ein schöpferischer, gleichzeitig ein schmerzlicher Prozeß. Trennungen und Scheidungen begegnen uns in der Bibel ebenso häufig wie das Verbinden und Finden. Klammern wir im Augenblick die »Ehe-Scheidung« aus, weil sie nicht nur einen eigenen terminus technicus in der Bibel besitzt, der weiter unten (S. 32ff) näher erläutert wird, sondern weil die Ehe in der Bibel unter gänzlich anderen rechtlichen und sozialen Gesichtspunkten betrachtet wird. Suchen wir davon losgelöst nach Trennungsgeschichten, dann begegnen wir dieser Ambivalenz immer wieder: Schmerzlich und schöpferisch sind Trennungen.

Schon die eigenartige Vorstellung, daß Eva »aus dem Menschen« genommen wird, damit zwei sich entsprechende menschliche Wesen werden, bestätigt neben der Scheidung von Licht und Finsternis, Himmel und Erde die »Operation Schöpfung«. Schöpfung greift ein in ein Ganzes, trennt, formt, bringt durcheinander, schafft neue Strukturen. Evolution entwickelt – aus der Distanz der Jahrmillionen – unmerklich Bestehendes weiter. Schöpfung ist ein schmerzlicher, gestaltender Eingriff. Wenn – nach dem dritten Jesaja – Gott neu schafft, dann bringt er das Alte so zu einem Ende, daß man »der vorigen Erde und des vorigen Himmels nicht mehr gedenkt« (Jesaja 65,17). Ziel der Schöpfung ist nach biblischer Sicht »Heil«, schalom, ein alle und alles umfassender Prozeß zu gültigem Leben, schonendem Umgang, bleibender Befreiung, eben eine neue heilende Ordnung. Nicht ohne Grund beschreiben Menschen etwas als paradiesisch, was sie befreiend, Leben ermöglichend, erleichternd, wohltuend empfinden. Jeder Schöpfungstag endet mit der göttlichen Bestätigung: »Siehe, es war gut.« Schöpfung zielt auf Herstellung oder Wiederherstellung des Guten.

Mütter spüren den »heilenden Schmerz« wohl am tiefsten bei der Geburt ihrer Kinder. Nicht körperlich wie meine Frau, aber emotional auf sonst nie erlebte Weise beteiligt habe ich die Geburt unserer eigenen Kinder erlebt. Diese ungeheure Anstrengung, ein beängstigender Kampf um ein neues Leben, die Wehen, die Ängste, der rasende Puls, das neue Leben, der erste Schrei, die Tränen und die Umarmung, das Glück – wenige Minuten einer »heilen Welt«, der Schnitt durch die Nabelschnur, das Waschen, Pflegen, die Ruhe danach, die »Erschöpfung«.

Schöpfung und »Entbindung« sind bei der Geburt eines Kindes sichtbar eines. In langen Jahren folgt der ersten Entbindung das langsame »Abnabeln« der Kinder, der lebensnotwendige, für beide Seite schmerzhafte Trennungsprozeß von Kindern und Eltern. Und so wird ein Mensch Vater und Mutter verlassen…

Ist auch die »Scheidung« eine Neugeburt, ein beängstigender, ein schmerzlicher und erschöpfender, schließlich ein heilender, ein »schöpferischer Akt«?

Hat die Einübung der »abschiedlichen Existenz«, die Einübung des Loslassens und der endgültige Verzicht auf den Versuch, Ewigkeit in welcher Form auch abzusichern, hat dieser schmerzliche Prozeß, der allen Sterbenden und Zurückbleibenden, allen Fliehenden und Verlassenen abverlangt wird, etwas mit der »Schöpfung« zu tun?

Wir bewegen uns auf sensiblem Terrain. Wir bewegen uns auf den Wunden von Menschen. Nach Sterben und Tod sind neben gravierenden Unfällen mit bleibenden gesundheitlichen Schäden und beruflichen Einbrüchen Trennungen und Scheidungen wohl die menschlichen Erfahrungen, die die tiefsten Wunden hinterlassen. Ich habe noch keinen Geschiedenen erlebt, der »gelassen« reagiert hätte auf Bemerkungen, Fragen, Urteile. Er zeigt wie nach einer Operation Nebenwirkungen der Medikamente, Nachwirkungen des Eingriffs. Die mit der »Schöpfung« verbundene Freiheit muß er sich stetig neu erkämpfen, gegen die eigenen Erfahrungen und gegen die Urteile anderer.

Wie unmenschliche Forderungen legen sich manche Worte Jesu quer zu unseren Einstellungen:

Dem jungen Mann, der ihm nachfolgen will, der alle Gesetze eingehalten hat und auf soviel Positives verweisen kann, verlangt er ab, all seinen Besitz herzugeben. Alle Sicherungen soll er lassen, um zu leben.

Dem, der seinen Vater beerdigen möchte – was für ein selbstverständlicher Wunsch –, sagt er: Laß die Toten ihre Toten begraben. Du aber mache dich los – brich auf – und verkündige das Reich Gottes.

Dem, der Abschied nehmen will »von denen, die in seinem Haus sind«, von den »Seinen«, hält er vor, man könne, die Hand am Pflug, sich nicht mehr nach hinten orientieren.

Von Abraham, dem der Bruch mit der eigenen Familie, der Heimat, der Kultur und der eigenen Religion zugemutet wird, damit er auf Geheiß des fremden Gottes in ein fremdes Land ziehe, um dort ein großes Volk zu werden, bis zu Paulus, den die Begegnung mit dem Auferstandenen vor Damaskus aus der Gemeinschaft herausreißt, der er vorher mit Leib und Seele angehört, für die er »geeifert« hat – immer wieder begegnen wir dem gleichen Motiv: Gott ist ein eifernder, liebender Gott, erträgt und duldet keine anderen Götter. Er reißt aus alten Bindungen heraus.

Er »sondert die Seinen ab«, »führt sie heraus«, »befreit«, »erwählt« aus allen Völkern ein Volk. Die Taufe in seinem Namen ist der »Tod des alten Menschen«, das Alte ist vergangen, siehe, Neues ist geworden. Der Getaufte ist aus alten Besitzverhältnissen befreit, ist »niemandes Knecht« mehr, die »Schuldscheine sind zerrissen«, das Wasser ist Zeichen dafür, daß alles Alte, der Sünde und dem Tod Gehörende »abgewaschen« ist. Ecclesia – früher Name für »Kirche« – heißt »die Herausgerufene«.

Ein besonderes Zeichen für den schöpferischen Akt des Trennens, Scheidens und Lösens ist im hebräischen Begriff für »einen Bund schließen« festgehalten (karat berith). Wörtlich übersetzt heißt der – für Juden und Christen gleichermaßen zentrale – Begriff »einen Bund schneiden«. Wenn man nun noch weiß, daß der Begriff für »Bund« wahrscheinlich auf ein altes Wort zurückgeht mit der Bedeutung »Fessel, Bindung«, dann spürt man die Dynamik, die Symbolsprache und ihre innere Kraft: Wenn Gott einen Bund schließt – sein Zeichen ist für die Juden die »Beschneidung«, für die Christen die Taufe –, dann geht diesem Akt eine Trennung, ein Herausschneiden, eine Scheidung und Befreiung, ein – für die Beteiligten von Abraham bis Paulus – schmerzhafter Prozeß der Trennung voraus. Ob nun von der religiösen Bindung an andere Götter, aus der Macht von Götzen und Dämonen oder aus der Gewalt der Sünde und des Todes befreit wird, Trennung ist ein schöpferischer Akt.

Die in der Geschichte des Volkes und in der Biographie des einzelnen allein Leben schaffende Bindung ist die Treue Gottes. Sätze wie »Ich kann ohne dich nicht leben«, »Du bist mein ein und alles«, die Welt der Schlager und Kaufhausträume, der Operette und der Schicksalsmächte, sind Sinnbild der Welt, aus der Abraham und Paulus weggeholt werden.

Die Welt der Händler und Götzen verspricht Frieden auf der Grundlage von Abhängigkeit und Gewalt. Jesus tröstet mit einer Wahrheit, die »frei macht«. Auf der Suche nach einem Halt, nach einem Lot im Leben haben wir angesichts all der Abschiede und Unwägbarkeiten dies zu wenig im Blick gehabt. Religion soll beruhigen, Gott wird zum Garanten, die »heilige Familie« verkommt zur Ideologie. In dieses Falschbild paßt die provokative Rede Jesu nicht:

»Meint nicht, daß ich gekommen sei, Frieden auf die Erde zu bringen; ich bin nicht gekommen, Frieden zu bringen, sondern das Schwert.

Denn ich bin gekommen, den Menschen zu entzweien mit seinem Vater und die Tochter mit ihrer Mutter und die Schwiegertochter mit ihrer Schwiegermutter; und des Menschen Feinde werden seine eigenen Hausgenossen sein.

Wer Vater oder Mutter mehr liebt als mich, der ist meiner nicht würdig; und wer Sohn oder Tochter mehr liebt als mich, der ist meiner nicht würdig« (aus Matthäus 10).[1]

Ich erlebe sie täglich: Mütter und Väter, die ihre Kinder »vergöttern«. Männer, die ihre Frauen »anbeten«. Familien, die auf Gedeih und Verderb zusammenhalten. Namen und Ruf, über den man nichts kommen läßt. Politische Parteien, die andere Vorstellungen verteufeln. Firmen, die am liebsten eine Gesamtbetreuung anbieten würden, vom PKW über das Parfüm bis zur Lebensversicherung: von der Wiege bis zur Bahre – soweit eben ein menschlicher Arm reicht, möglichst noch weiter. Harmonie und Zusammenhalt, Liebe und Treue sind verkommene Begriff, angeschlagene Werte im Land der Händler und Götzen. In diese Welt paßt der Mann aus Nazareth nur als Christkind und Osterhase.

Die Bibel ist kein Buch, das Harmonisierung anstrebt. Sie deckt die Schäden und Wunden auf, enthüllt die Blöße –

aber eben nicht, um den Angeschlagenen und Entblößten zur Schau zu stellen oder auszugrenzen, wie das in der Welt der Händler und Götzen geschieht, sondern um ihn in Liebe zu hüllen und zu heilen.

»Die Gesellschaft ist der Käfig. Der Weg ins Freie ist die Einsamkeit« (Simone Weil). Es ist ein Irrtum, wenn man meint, die Entdeckung des einzelnen, des Individuums, sei eine Folge der Aufklärung des 18. Jahrhunderts. Längst zuvor begegnen uns in der Geschichte der Menschheit einzelne, nicht selten auch Einsame: Konfutse oder Alexander, Sokrates oder Hildegard von Bingen, Amos (Schafzüchter aus Thekoa), Hiob (der Mann aus dem Lande Uz) oder Maria (aus Magdala) – sie alle sind »Individuen«. Sie heben sich ab von anderen, unterscheiden sich, werden abgesondert. Diese Unterscheidung, die Entstehung eines unterscheidbaren Ich ist ein schmerzlicher, gleichzeitig ein schöpferischer Prozeß. Der einzelne wird »erwachsen«, wächst aus bisherigen Bindungen und Sicherheiten heraus.

Dies mag dann besonders schmerzlich sein, wenn nichts mehr hält, was bisher Halt garantierte. Der Mensch steht schon lange nicht mehr im Mittelpunkt des Kosmos, Gott hat längst seinen angestammten Thron »über den Himmeln« verloren, politische Systeme sind gekommen und gegangen. Was gestern noch gegolten hat und Bestand garantierte, ist heute überholt, morgen steht es am Pranger, und übermorgen verkommt es zu einer lächerlichen Randnotiz der Geschichte. Wir haben es innerhalb eines halben Jahrhunderts zweimal erlebt in unserem Land. Immer wieder neue Aufbrüche, Trennungen, Fluchten und Verleugnungen. In der Welt der Händler und Götzen muß man mobil sein, um zu überleben. Heute der Deal in Dortmund, morgen der Abschluß in Berlin und am Wochenende der Trip an den Lago Maggiore zum Surfen. Ich aber sitze in meinem Betrieb die Stunden ab, eine tödlicher als die andere, habe statt eines Fensters den Ventilator, anstelle des Rosengartens im Abendsonnenschein ein Poster von Boris Becker, Madonna oder einen Nachdruck von Vincents Sonnenblumen im Blick. Was Wunder, wenn in der Welt der Händler und Götzen die »Wa(h)re Liebe« gesucht und die heile Welt besungen wird.

Ist »Scheidung« – ein »schöpferischer Akt«?

Scheidung ist dann ein schöpferischer Akt, wenn sie darauf zielt, daß die getrennten Teile besser, gültiger – und überhaupt – leben können. Am einfachen Beispiel verdeutlicht: Wenn Kinder dabei sind, sich die Köpfe einzuschlagen, sich die Gesichter blutig zu kratzen und sich gegenseitig zu treten, werde ich einschreiten und sie trennen. Danach kann ich mit jedem von ihnen die Wege gehen, die es braucht, um »heil« zu werden. Das bedeutet nicht nur, die äußeren Wunden zu pflegen, eher noch die inneren, die dazu führten, daß sie ausgerastet sind. Mein oberstes Ziel ist es nicht, die beiden Streithähne wieder zu versöhnen. Mein Ziel ist, jeden so zu stabilisieren, daß er es nicht mehr nötig hat, zu schlagen und weh zu tun.

Scheidung ist dann allerdings ein zerstörerischer Akt, wenn dieses »Heil« nicht mehr im Blick ist. Wenn einer sich sanieren will auf Kosten des anderen. Wenn Scheidung in soziales Elend stürzt. Wenn der einzelne durch die Scheidung nicht freier wird, sondern abhängiger. Wenn einer durch die Scheidung verelendet. Das ist im Tiefsten der Grund für Jesu radikale ethische Position. Er, der trennt um des Friedens willen, der Abschiede fordert um des Heils willen, wäre mißverstanden, wenn er ausgerechnet eine elend gewordene, gescheiterte Ehe um des Gesetzes oder der »Heiligkeit« der Ehe willen ohne Wenn und Aber erhalten wollte, bis der Tod sie scheidet.

Lieben und verachten

Es sind so viele peinigende Fragen.

»Kann ich überhaupt in unserem Dorf wohnen bleiben? Schaffe ich den Sprung ins Berufsleben zurück? Ich will doch endlich unabhängig werden. Was sagt die Tochter, Studentin in München, wenn sie erfährt, daß die Mutter von zu Hause ausziehen will?«

Dann geht sie in die Kirche. Sie sucht, so erzählt sie mir, einfach Ruhe, will die Gedanken ordnen, abschalten, auftanken. Nein, sie ist keine regelmäßige Kirchgängerin. Aber der Pfarrer kennt sie. Ob er denn etwas ahnt? Ob ihr Mann mit ihm…? Oder ob man es ihr einfach schon so ansieht?

Aber der Priester, sagt sie, kann ja auch nichts dafür. Er muß doch vorlesen, was die »von oben« schicken. Hirtenbriefe. »Was sind das für Hirten, frage ich Sie?«

Sie ruft Sonntagnachmittags an. Von außerhalb. Wie groß muß der Leidensdruck dieser Frau sein. »Es war ganz spontan«, meint sie auf meine Rückfrage, »ich habe gedacht, Sie können mir helfen. Vielleicht einfach deshalb, weil ich bei Ihnen den Eindruck habe, daß Sie ehrlich sind, morgens im Radio.«

Drei Tage später sitzt sie in meinem Pfarramt und erzählt ihre Leidensgeschichte. Sie ist zwanzig Jahre verheiratet. Eine bekannte, angesehene Familie im Dorf. Seit zwei Jahren liebt sie einen anderen Mann. Trifft sich heimlich, liebt verzweifelt, lebt zwei Leben. Allen Mut hat sie zusammengenommen und mit ihrem Mann geredet.

»Der ist vollkommen ausgerastet«, sagt sie. »So kenne ich ihn gar nicht. Ich sei eine Hure und tauge zu nichts.

Aber so leicht käme ich nicht davon. Nach außen die treue Ehefrau spielen und hintenrum mit anderen schlafen. Dreckig, eklig, verlogen – ich weiß nicht, was er noch alles gesagt hat. Und ich habe geschwiegen. Und wissen Sie, ich kann ihn sogar verstehen. Wir haben uns doch einmal geliebt! Gut, Marion war schon unterwegs, als wir heirateten, aber wir hätten auch so geheiratet. Wir haben uns geliebt, damals.«

Noch vor stark einem Jahrhundert war die Liebe eine glückliche und seltene Zugabe zur Ehe, nicht ihre Voraussetzung. Nicht nur zu biblischen Zeiten war die Eheschließung zweier junger Menschen die Angelegenheit der beiden Väter, eine Zweckgemeinschaft, bei den einfachen Menschen eine Versorgungsgemeinschaft, in Herrscherhäusern ein Mittel, um Kriege zu ersetzen oder zu verhindern. Dazwischen die vielen Handwerker, Bauern, Kaufleute, die günstige Gelegenheiten suchten zur Sicherung oder Erweiterung des Besitzstands, zur Steigerung des Ansehens und zur Mehrung des Einflusses. Fraglos geschah dies zu Lasten der Frau. Eines jedoch gilt als sicher: Wenn es in solchen Zweckgemeinschaften zu Krisen kam, waren sie leichter zu regeln.

Anders heute. Die Eheschließung ist eine emotionale Angelegenheit. Anstelle einer erhofften Folge der Eheschließung wird die Liebe zur Voraussetzung. Und entsprechend schwierig sind die Prozesse, wenn ein Partner oder beide zu dieser Liebe nicht mehr fähig sind. Der Anspruch an die Ehe wächst, mit ihm der Einsatz, das Risiko, die Angst vor Liebesentzug und Enttäuschung. Ich erlebe es immer wieder, daß zwei heiraten, die schon seit Jahren zusammenleben, offensichtlich glücklich und bisher in den wichtigen Lebensfragen auch einig. Kaum ein Jahr getraut, wird die Ehe geschieden. Dabei hatten sie zuvor fünf, sechs Jahre zusammengelebt. Was ist da geschehen? Warum wird die Ehe plötzlich zu einem Gefängnis, schnürt einem oder beiden den Hals zu? Warum hält die Liebe der Ehe nicht stand?

Die Liebe ist die wunderbarste menschliche Möglichkeit. Aber sie bleibt Möglichkeit, Geschenk, Gabe. Es kann gelingen, dieses kostbare Geschenk ein Leben lang zu bewahren, immer wieder neue Seiten zu entdecken, glücklich zu bleiben mit ein und demselben Partner. Ich will auch keinem die Hoffnung ausreden auf bleibende Liebe, ich teile sie selbst. Nur, wir haben so wenig Übung in der Leichtigkeit des Geliebtwerdens. Liebe befreit so selten, Liebe hält fest.

»Ich kann ohne dich nicht leben« – ein schlimmer, ein eigentlich auch unsinniger, aber trotzdem von allen wirklich Liebenden gedachter oder ausgesprochener Satz. Ich hänge mein Ich an ein Du, das wird wohl immer so sein. Dies Angewiesensein, der Halt am anderen gehört zum Menschen – seit Adam und Eva. Aber doch nicht in dieser Ausschließlichkeit! Von Adam und Eva heißt es im übrigen nirgends, sie hätten sich geliebt; auch nicht von Josef und Maria. Heißt »lieben« wirklich, sich ganz und gar und auf Dauer von ein und demselben Menschen trösten, ausrichten, tragen und aufrichten lassen? Bin ich nicht mehr als das Ich in einer Ich-Du-Beziehung? Mache ich den Partner nicht zum Götzen? Und wehe, er beginnt zu leben und erfüllt nicht meine Wünsche…

»Ich kann ohne dich nicht leben…« Jeder weiß, daß man Liebe nicht kaufen kann. Und trotzdem sprechen wir von der Liebe in der Sprache der Händler: brauchen, haben, verlieren, betrügen, geben. Wird eine Ehe unter dieser Erwartung geschlossen, steht sie unter einem ungleich höheren Druck als zu den Zeiten, in denen Ehe eine Zweckgemeinschaft war. Ehe als eine lebenslange Liebesbeziehung ist ein wunderbares Geschenk. Uns muß allerdings bewußt sein, daß eine Ehe unter dem Druck solcher Erwartungen Scheitern nicht nur mit einschließt, sondern Scheitern zu einer Katastrophe werden läßt.

Es gibt auch in der Bibel Ehen, deren Grundlage die Liebe war. Die beiden Samuelbücher erzählen die Geschichte von Michal und David. Michal, die Tochter des Königs, David, der Hirtenjunge aus Bethlehem, der in einer beispiellosen Karriere Sauls Nachfolger wird. Saul ist eifersüchtig auf die Erfolge des jungen und ansehnlichen David. Als er erfährt, daß die eigene Tochter den möglichen Widersacher liebt, will er diese Liebe für eigene Interessen nutzen. Zum Schein verspricht er David die Ehe mit Michal. Tatsächlich trachtet er ihm nach dem Leben.

David gelingt es mit Harfenspiel und spontaner Offenheit nicht nur, den Zorn Sauls bei Wutanfällen zu besänftigen, er entwickelt sich auch mehr und mehr zu einem erfolgreichen und beliebten Heerführer.

Saul will den erfolgreichen Konkurrenten, den eigenen Schwiegersohn aus dem Weg räumen. Michal warnt ihren Mann, Liebe gegen Familieninteresse. Sie täuscht die bezahlten Mörder, verhilft ihrem Mann zur Flucht und erntet den väterlichen Zorn. David ist vogelfrei. Saul gibt Michal einem anderen Mann. Wir erfahren wenig von ihm. Aber trotz aller Intrigen muß er sie geliebt haben. Als Sauls Heerführer Abner sich mit David verbündet, macht dieser zur Auflage: »Gut, ich will einen Bund mit dir schließen. Aber eins fordere ich von dir: Bring' mir Michal, Sauls Tochter.« Michal wird ihrem jetzigen Mann, Paltiël, »weggenommen« und zu David gebracht. Von Paltiël heißt es: »Und ihr Mann ging mit ihr und weinte hinter ihr her bis Bahurim.«

Hier könnte – trotz aller Tränen des Paltiël – die Liebesgeschichte von Michal und David glücklich enden. Doch wie auch immer, die frühere Liebe hat Brüche erlitten. Nachdem der äußere Zwang die Wege der beiden Liebenden erst getrennt und dann wieder zusammengeführt hatte, werden sie sich nun innerlich fremd, bis zur gegenseitigen Verachtung. Davids Aufstieg und Erfolg wird in der Bibel ohne die Erwähnung Michals weitererzählt. Ihr Name taucht erst wieder auf, als David beim Einzug der Bundeslade in Jerusalem vor allem Volk (nackt) tanzt: »Und als die Lade des Herrn in die Stadt Davids kam, guckte Michal, die Tochter Sauls, durchs Fenster und sah den König David springen und tanzen vor dem Herrn und verachtete ihn in ihrem Herzen... Aber Michal, Sauls Tochter, hatte kein Kind bis an den Tag ihres Todes« (aus 1. Samuel 18 bis 2. Samuel 6).

Mir ist wichtig: Die Bibel kennt an hervorragender Stelle die Tragik, die mit einer Ehe verbunden ist. Sie kennt das Erkalten der Liebe und die emotionale Katastrophe. Sie hat in diesem Fall allerdings eine »Lösung« bereit, die heute nicht mehr die unsrige sein kann: bleibende Verachtung, Kinderlosigkeit – ein Zeichen fehlenden Segens, eine Strafe – und Tod.

Eine Ehe stirbt nicht vor dem Scheidungsrichter. Eine Liebe erlischt nicht durch Urteil und Vertrag. Die Liebe erlischt, und die (»moderne«) Ehe stirbt, wenn das Leiden eines oder beider Partner in dieser Struktur nicht mehr heilbar ist, wenn Verachtung an die Stelle von Bewunderung, Haß an die Stelle von Liebe, Schweigen an die Stelle der Zärtlichkeit getreten ist und beide sich allenfalls auf der Basis der Lüge und Fassade arrangieren: Wir bleiben – nach außen – beieinander, aber ansonsten geht jeder seinen Weg und hat keine Ansprüche mehr, vor allem keinen Anspruch auf Liebe. Auf diese Weise werden Tausende von Ehen am Leben gehalten. Wenn beide »Partner« die Größe, die Distanz, die Leidensfähigkeit (man sagt wohl heute »Toleranz«) und die nötige Schauspielkunst zu diesem Spiel aufbringen, so finden sie sich in der guten Gesellschaft vieler Ehen in einigen Jahrtausenden Menschheitsgeschichte. Hat aber einer der Partner das Bedürfnis nach Liebe, nach Nähe, sucht er wirkliches Leben in dieser Scheinwelt, sieht er die Möglichkeit nach einem Neuanfang, dann braucht er Lebenshilfe. Dann retten weder der Rückgriff auf ein abgelegtes Versprechen noch drohende Sanktionen noch die Beschwörung früherer Liebe dieses Leben. Dann muß der »Exodus« möglich sein. Dann muß, was in Gottes Namen begonnen hat, auch »in Gottes Namen« für gescheitert erklärt werden können. Dann muß ich dieses Versagen wie jedes andere Versagen nennen, beichten, mir von der Seele reden können.

Wenn dies nicht geschieht, bleibt die andauernde Notwendigkeit der Rechtfertigung: »Ich habe ja gar nicht geliebt. Ich war noch zu jung. Ich wußte nicht, was Liebe ist. Ich war einer Ehe noch nicht gewachsen. Ich bin in die Ehe hineingeschlittert.«

Die Trennung kann erst dann wirklich vollzogen werden, wenn ich sagen kann: Ja, ich habe geliebt. Aber da ist heute nichts mehr, was diesen Namen verdient. Und nichts, was dieses Gefühl von früher wieder zum Leben erwecken könnte. Seelsorge hat eine doppelte Aufgabe: tiefe, ehrliche Prüfung beider Partner auf Hoffnungs- und Lebenszeichen. Ist diese Hoffnung nicht mehr vorhanden, dann hat Seelsorge die Pflicht, eine ehrliche seelische Bilanz zu ermöglichen. Damit – für beide – neues Leben möglich ist.

»Bis der Tod euch scheidet ...«? Wenn der Beziehungstod eine Ehe geschieden hat, haben beide Partner weder das Recht auf eine neue Liebe verwirkt noch das Recht auf Leben. Am allerwenigsten den Zuspruch eines gnädigen, vergebenden und liebenden Gottes.

Nach dem »Gottesurteil auf dem Karmel«, dem 450 Baalspriester zum Opfer fielen, nach Mord und Totschlag, verfolgt von der Königin, die dem Fruchtbarkeitskult um Baal anhing, flieht der Prophet Elia in die Wüste. Er setzt sich unter einen Wacholder und will sterben. »Es ist genug, so nimm nun, HERR, meine Seele; ich bin nicht besser als meine Väter.«

Lebensmüde legt er sich schlafen. Doch ein Engel rührt ihn an und drängt ihn, zu essen und zu trinken. Es ist wenig, was er ihm bietet: geröstetes Brot und einen Krug mit Wasser. Aber er bewahrt den Lebensmüden vor dem Suizid. Elia steht wieder auf und geht 40 Tage durch die Wüste zum Berg Horeb. Nichts erfahren wir über diese Zeit. Nur eben, daß Elia aufsteht und ankommt. Doch scheint er all seine Last noch mit sich zu schleppen. Als er am Berg Horeb ankommt und eine Höhle findet, hört er Gottes Stimme: »Was machst du hier, Elia?«

»Ich habe geeifert für den Herrn, den Gott Zebaoth; denn Israel hat deinen Bund verlassen und deine Altäre zerbrochen und deine Propheten mit dem Schwert getötet, und ich bin allein übriggeblieben, und sie trachten danach, daß sie mir mein Leben nehmen. Der Herr sprach: Geh heraus und tritt auf den Berg vor den Herrn!« Dort wird er seinen Gott vorübergehen sehen. Gott, für den er gewütet, getötet und Unrecht getan hatte – wie würde er ihm begegnen? Wie begegnet Gott einem, der meint, daß sein Leben vertan, nichts mehr nütze sei? Die Last der Fehler, die Schwere der Schuld zu groß, das Leben vertan. Elia tritt vor die Höhle und erlebt einen gewaltigen, zerstörerischen Sturm – »der Herr aber war nicht im Winde«. Dem Sturm folgt ein Erdbeben – »der Herr aber war nicht im Erdbeben«. Nach Gewittersturm und Erdbeben sieht Elia ein großes Feuer – »aber der Herr war nicht im Feuer«. Nach all dem Zerstörerischen und Gewaltigen hört Elia ein »leises, sanftes Wehen«. Und endlich spricht aus dieser sanften Stille Gott zu seinem verzweifelten Propheten (aus 1. Könige 19).

In der Stille, in der Sanftheit, nicht in Erdbeben und Gewittersturm begegnet Elia Gott, dessen Engel den Lebensmüden zuvor aufgerichtet und für einen neuen, weiten Weg zugerüstet hat. Besser kann ich nicht beschreiben, wie ich mir kirchliche Seelsorge an Gescheiterten, an Schuldigen, an Lebensmüden, an Tätern und Opfern von Gewalt vorstelle.

Klären und ordnen

Fragen sind zu klären. Sie liegen uns im Ohr, sie liegen uns auf der Seele. Dürfen Christen sich trennen? Ist nicht die Antwort Jesu deutlich genug: »Was Gott zusammengefügt hat, das soll der Mensch nicht scheiden« (Matthäus 19,6)?

Die wörtliche Übersetzung in ihrer Bildhaftigkeit könnte erschrecken: »Was Gott gemeinsam unter ein Joch gespannt hat, soll der Mensch nicht trennen.« Ist die Ehe ein Joch? Anderes als Schwere und Bürde wird wohl gemeint sein, nämlich daß Gott zwei Menschen eine gemeinsame Aufgabe, eine gemeinsame Richtung gegeben hat. Wenn sie diese verlassen, getrennte Wege gehen, kommt die gute Ordnung Gottes durcheinander. Diese Ordnung ist als Angebot zur Freiheit, zur Entfaltung, als Liebesdienst und Lebenshilfe gedacht, nicht als »Gesetz«.

Darf ein Mann...? Ist es einem Christen erlaubt...? Verführerische Fragen! Meist weiß der Frager längst die Antwort, will den Gefragten in die Enge treiben, verfolgt nicht ein wirklich echtes, tiefes, existentielles Interesse, ist nicht »ehrlich«. Ausnahmslos begegnet Jesus in den Evangelien solchen Fragen mit Rückfragen, Skepsis, Schläue, oft genug zweideutig, nicht selten so, daß er den Fragesteller entlarvt. Ist es erlaubt, am Sabbat Gutes zu tun? Ist es erlaubt, am Sabbat zu heilen? Ist es erlaubt, daß ein Mann sich von seiner Frau scheidet?

Wenn wir an dieser Stelle den Weg dieses Buches etwas unterbrechen und ausführlicher zurückblättern, dann hat dies seinen Grund darin, daß mit dem Verweis auf Jesu Gebot Generationen von Christen eine Trennung verboten oder unerträglich schwer gemacht wurde.

Doch wer nach Prinzipien sucht, die für alle Zeiten und Lebenslagen gelten, stößt bei Jesus auf Schwierigkeiten. Er redet situativ, parteilich, betroffen. Prinzipienreiter, die nicht die Not und das Elend der Menschen und damit die Gerechtigkeit Gottes im Blick haben, sondern die Richtigkeit eines abstrakten Gesetzes, sind ihm ein Greuel. Sie spüren: Da bricht eine ganz neue Freiheit auf, sie macht vor Aussätzigen, Zöllnern und Prostituierten nicht halt. Gesellschaftliche Rollen, überkommene Verhaltensweisen und angeborene Rechte sind nicht von Belang. Die Welt, in der Kinder in der Mitte stehen, Armen das Evangelium gepredigt wird und Glaube Berge versetzt, bringt die Gesetzeskundigen durcheinander: Hat Mose nicht erlaubt...? Steht nicht geschrieben...? Hat Gott nicht verboten...?

Wie eigentlich sah die »Scheidungspraxis« zur Zeit Jesu aus? Wie wurden Ehen geschlossen? Welche Gründe waren ausschlaggebend und anerkannt? Was wurde aus den Geschiedenen? Und – gibt es so etwas wie eine Scheidungslehre Jesu?

Eheschließung zur Zeit Jesu

Die patriarchalischen Strukturen wurden erst später aufgebrochen. Zur Zeit Jesu gelten sie noch uneingeschränkt. Wenige Querdenker werten die Rechte der Frau auf. Zu ihnen gehört auch der Mann aus Nazareth. Noch viele Jahrhunderte später wird man ernsthaft diskutieren, ob Frauen wirklich eine Seele haben. So nimmt es nicht wunder, daß eine Ehe zur Zeit Jesu in Israel nicht »geschieden« wird, sondern der Mann die Frau »entläßt«. Die Ehe entspringt einem Vertrag zweier Väter, geschlossen über ihre

Kinder. Das Mädchen ist zur Zeit der Verlobung zwischen 12 und 14 Jahren, der junge Mann zwischen 14 und 16 Jahren alt.

In jüdischen Quellen aus der Zeit Jesu lesen wir, auf welche Weise eine Ehe »geschlossen« wird. Es gibt dafür drei Möglichkeiten: Die Frau wird durch Geld »erworben«, die Frau wird durch eine Urkunde – mit der Verlobungs- oder Heiratsformel – »erworben«, die Frau wird durch Beischlaf »erworben«. Dabei muß allerdings ein Satz des Mannes fallen, der als Verlobungsformel verstanden werden kann.[2] Im dritten Fall (Beischlaf) wird deutlich, daß die Sexualität bei dieser »Zusammenfügung« eine wesentlich größere Rolle spielte, als man annehmen möchte: »Vierzig Tage vor der Bildung des Kindes – also im Augenblick der Empfängnis – geht eine Himmelsstimme aus, welche spricht: Die Tochter von dem und dem ist bestimmt für den und den, das Haus von dem und dem für den und den.«[3] Zwei werden ein Fleisch, werden »zusammengefügt«, wenn sie miteinander schlafen. Die Lutherbibel übersetzt den entsprechenden hebräischen Begriff oft mit »erkennen«: Adam erkannte Eva, und sie gebar... Was vor dem Rabbi, dem Kantor, vor den Familien, jedenfalls vor berufenen Zeugen als »Trauung« geschieht, ist eine formelle Beurkundung und Veröffentlichung dieser von Gott geschaffenen Rechtsbeziehung. Das Wichtigste war offensichtlich schon immer die – geregelte? – Sexualität und ihr Ziel: das Kind bzw. die Familie.

Scheidung zur Zeit Jesu

Ein Blick in das jüdische Schrifttum verschiedener rabbinischer Schulen aus den ersten drei Jahrhunderten zeigt uns die Gründe, die von den jüdischen Lehrern dafür angeführt werden, daß ein Mann seine Frau entlassen durfte. Die entscheidenden Sätze stehen im 5. Buch Mose:

»Wenn ein Mann eine Frau nimmt und sie heiratet, und es geschieht, daß sie keine Gunst in seinen Augen findet, weil er etwas Anstößiges an ihr gefunden hat, und er einen Scheidebrief geschrieben und ihr in die Hand gegeben und sie aus seinem Hause entlassen hat...« [4]

»Weil er etwas Anstößiges gefunden hat...« – ganze Bücher füllen die Versuche, diesen so gefährlichen, schwierigen und unkonkreten Satz auszulegen. Was nun ist »anstößig«? Für heutige Vorstellungen werden nicht mehr nachvollziehbare Konkretionen genannt:

Ein Mann kann seine Frau entlassen,
- wenn sie mit offenen Haaren ausgeht,
- wenn sie ihre Arme auf der Straße entblößt,
- wenn sie auf der Straße trinkt oder ihr Kind säugt,
- wenn sie häßlich aussieht,
- wenn sie Ehebruch begangen hat,
- wenn sie das Essen anbrennen hat lassen,
- wenn andere Frauen negativ über sie reden und den Mann damit in Unehre bringen,
- wenn der Mann eine andere Frau findet, die schöner ist als sie, und sie somit keine Gnade mehr findet vor seinen Augen,
- wenn sie während der Menstruation ihren Mann nicht vor dem Beischlaf warnt,
- wenn sie mit jedem Beliebigen redet,
- wenn sie über vertrauliche Dinge im Haus so laut redet, daß die Nachbarn es verstehen können,
- wenn die Ehe zehn Jahre kinderlos blieb,
- wenn sie einen Leibesfehler hat, der dem Mann vor der Hochzeit verschwiegen wurde,
- wenn sie ein Gelübde abgelegt hat (z. B. daß sie kein Fleisch essen und keinen Wein trinken wird),
- bei Mundgeruch und störendem Körperschweiß,
- bei Hautkrankheiten.[5]

Diese schreckliche, die Frau erniedrigende Liste ließe sich noch weiter fortsetzen. Kenner der Rechtslage stellen fest, daß es zur Zeit Jesu keine Ehe gegeben hat, die nicht kurzerhand vom Mann in völlig legaler Weise durch Aushändigung eines Scheidebriefes hätte gelöst werden können.

Ein Scheidebrief aus späteren Jahren, der aber bis auf den Wortlaut wohl Scheidebriefen aus der Zeit Jesu entspricht, endet etwa so:

»...und jetzt verstoße ich dich, dich so und so, Tochter des und des, und welchen Namen du sonst haben magst, aus dem und dem Ort, so daß du frei und dein selbst mächtig bist, zu gehn, um dich zu verheiraten an jeden beliebigen Mann, und niemand soll es dir wehren von diesem Tag an bis in Ewigkeit. Siehe, du bist erlaubt jedermann, und dies soll dir meinerseits sein das Schriftstück der Verstoßung und das Dokument der Scheidung und der Brief der Entlassung nach dem Gesetz Moses und Israels.« [6] Es unterschrieben der Mann und zwei männliche Zeugen.

Das Schicksal der Frau

Verstoßen – um frei zu sein. Wie sah die Freiheit einer solchermaßen entlassenen – und damit mit den entsprechenden Entlassungsgründen gebrandmarkten Frau aus? Selten war sie wirklich frei zu einer erneuten Heirat. Meist kehrte sie – ungeliebt, als Versagerin und zusätzliche Esserin – in die eigene Familie zurück, viele trieb die Entlassung in die Prostitution.

Wenn es mit Hinweis auf biblische Tradition auch Warnungen vor leichtfertiger Auflösung der Ehe gab, wenn auch »der Altar Tränen vergießt, wenn ein Mann seine erste Frau entläßt« und darauf hingewiesen wird, daß »Gott die Scheidung haßt« (Maleachi 2,16), so verhinderten diese Hinweise immer weniger eine von den Launen der Männer abhängige Entlassungspraxis.

»Wegen eurer Hartherzigkeit hat euch Mose erlaubt, eure Frauen zu entlassen«, sagt Jesus auf Fragen der Männer. Scheidung ist kein Gebot Gottes. Jesus will den auf das Wohl des Menschen gerichteten ursprünglichen Schöpfungswillen Gottes wieder zu Gehör bringen. Will Frauen vor dem sozialen Elend und Männer vor persönlicher Schuld an ihrer Frau bewahren. Frauen sind keine Objekte männlicher Lust, die man bei Nichtgefallen – ein Makel, ein Grund hat sich schnell gefunden – wieder abstößt, sondern gleichwertige, geliebte Geschöpfe Gottes: Der Mensch ist Mensch erst als »Mann und Frau«. Wie weit von solchen Vorstellungen die Männerwelt zur Zeit Jesu entfernt ist, zeigt die Bildersprache eines rabbinischen Textes aus dem Jahr 135: »Koche nicht in einem Topf, in welchem ein andrer gekocht hat. Was heißt das? Damit ist eine geschiedene Frau gemeint, solange ihr (früherer) Mann noch am Leben ist.«

Fügen wir die verschwindend geringen Möglichkeiten noch hinzu, die einer Frau gegeben waren, die sich von ihrem Mann trennen wollte. Dabei galt als Prinzip: »Nicht gleicht der Mann, der die Frau durch Scheidebrief entläßt, der Frau, die entlassen wird; denn die Frau wird entlassen, sie mag wollen oder nicht wollen; der Mann aber entläßt seine Frau nur freiwillig.« [7] Drei Möglichkeiten kennen die rabbinischen Schriften, die es der Frau erlauben, ihrerseits »um die Entlassung zu bitten«: wenn Krankheit oder Beruf (z. B. Gerber oder Kotsammler) des Mannes Widerwärtigkeiten zur Folge hatten; wenn der Mann die Frau zu unmöglichen und unwürdigen Gelübden zwingt; wenn die Frau schon vor dem 12. Lebensjahr verlobt oder verheiratet worden ist. Aber immer noch bleibt es der Mann, der – wenn er will – die Entlassungsurkunde unterschreibt. Eine gleichberechtigte Behandlung, damals in Rom schon üblich, war in Jerusalem undenkbar.

Männerfragen

Selbstverständlich ging mit einer solchen, die Frau entwürdigenden und ins soziale Elend zwingenden Scheidungspraxis auch eine notwendig ausführliche Kasuistik einher, deren Ziel vielleicht anfangs der Schutz der Frau war, die sich aber mehr und mehr zum Instrument der Männer entwickelte: Wie muß der Scheidebrief aussehen? Darf er zusammengefaltet sein, und wie oft? Muß er auf Papier oder darf er auf einer Tonscheibe, vielleicht sogar auf einer Obstschale geschrieben sein? Welche Behinderung rechtfertigt eine Entlassung? Wer darf den Scheidebrief übergeben? Darf er der Frau einfach vor die Füße geworfen werden? Wenn ja, nur im Haus oder auch auf der Straße?

Die Haltung Jesu

Man muß diese für uns heute absurde Kasuistik kennen, um Jesu »Radikalität« in Sachen Scheidung zu verstehen. Gottes Gebot will das Wohl des Menschen. Solche Scheidungspraxis hat anderes im Sinn. In Jesus kommt das Reich Gottes, die gute Ordnung Gottes, das Heil des Menschen (als »Mann und Frau«) ganz nahe. Nun kann es nicht mehr darum gehen, der Hartherzigkeit des Menschen (des Mannes) entgegenzukommen. Die Zeit ist erfüllt. Scheidungskasuistik ist kein Thema mehr. So wie der Unterschied zwischen rein und unrein kein Thema mehr ist, nicht die rigorose, z. T. menschenfeindliche Einhaltung von Sabbatgesetzen, das Sorgen um Nahrung und Kleidung, nicht einmal die Bestattung der eigenen Angehörigen. Auf dieser Ebene sind Jesu »radikale« Aussagen gegen die Scheidung zu lesen und heute auch zu verstehen. Was Jesus will, ist das Wohl des Menschen, das Leben, das Heil von Mann und Frau. Den Menschen im Licht Gottes, so wie Gott ihn geschaffen hat, und dies angesichts des bald erwarteten Hereinbrechens des Reiches Gottes. Diese Zeitenwende hat eine solch unvergleichliche Qualität, daß die Vorbereitung darauf Menschen aus ihren Familien reißt, Feinde zu Freunden macht, isolierte Schwerkranke wieder integriert und Scheidungsprozesse stoppt.

Jesus stellt kein neues Gesetz auf, geschweige denn begibt er sich auf Konfrontation mit den Erwartungen an eine gelingende Ehe, die auch in seiner Zeit wohl von allen, die den Ehebund eingingen, geteilt wurden. Darüber gibt es – überraschend genug – auch keine Meinungsverschiedenheiten zwischen Juden, Griechen oder Römern zur Zeit Jesu: Der einmaligen Eheschließung gilt die Hochachtung, der Wiederverheiratung begegnet man in Rom sogar mit größerer Skepsis als in Jerusalem oder in Athen. Spürbar ist in all diesen so verschiedenen Kulturen die Überzeugung: »Eigentlich« wäre es richtig, wünschenswert und vorbildlich, wenn zwei, die geheiratet haben, beieinander blieben – ein Leben lang, selbst über den Tod hinaus. »Eigentlich« – aber das Leben geht Umwege, Menschen scheitern. Deshalb entscheidet der Einzelfall, und nicht das »Gesetz«. Jesus macht bei dieser Einschätzung keine Ausnahme.

Von Gott zusammengefügt?

Mann und Frau sind – und bleiben – aufeinander zu geschaffen. Wer liebt, schließt keinen Zeitvertrag. Wer Ja zu einem anderen sagt, schreibt nicht gleichzeitig kleingedruckte Fluchtwege in den Vertrag. Und doch kann eine Ehe, unter besten Voraussetzungen geschlossen, scheitern, kann zum Ort des Unheils werden, zu einem lebensbedrohenden und Entfaltung erstickenden Gegeneinander. Dann stellen wir mit Recht die Frage, ob die beiden, die sich gegenseitig »ans Leben gehen«, nun wirklich »von Gott zusammengefügt« sind.

Daß die Ehe von zwei Menschen »gottgewollt« ist – wer soll das prüfen? Wer soll entscheiden? Wir spüren doch als Pfarrer selbst die Grenzen. Ein einziges Mal habe ich nein gesagt, als man mich gebeten hat, eine Trauung, einen Gottesdienst anläßlich einer Eheschließung zu halten. Ein anderer Pfarrer ist eingesprungen. Die Ehe »hält« übrigens heute noch. Und viele andere, denen ich soviel Gutes zugetraut hatte, sind längst geschieden.

Es ist und bleibt Verheißung. Wir haben eigentlich – bis auf ganz extreme, kriminelle Ausnahmen – gar keine Möglichkeit, »den Segen zu verweigern«. Wie oft denke ich: Das kann nicht gutgehen! Das geht den katholischen Kollegen bei »ökumenischen Trauungen« übrigens nicht anders. Es ist gar nicht so selten, daß wir beide nach dem »Traugespräch« den Kopf schütteln und uns fragen: Lieben sich die beiden wirklich? Was machen wir eigentlich?

Es ist und bleibt Verheißung. Keiner – außer Gott selbst – »hat es in der Hand«, ob die geschlossene Ehe gelingt. Dies garantiert kein kirchlicher Segen, kein feierliches Versprechen, keine feurige Liebe, kein gelingendes Sexualleben. Weder die Anwesenheit eines katholischen Priesters bei der Trauformel noch die wohlgemeinte Predigt des evangelischen Kollegen bewahren vor Scheitern. Sämtliche Beschwörungen, und seien sie von noch so schönen Orgelklängen und noch so innigen Liedern begleitet, sind verloren und vergessen, wenn zwei Wege sich trennen. Ich kann mich auf diesen »Trauakt« in der Kirche nicht berufen. Religion als »Bindung«, als »Rückversicherung« und »Garantie« gelangt hier an ihr Ende.

Eine evangelische Antwort

Eine evangelische Antwort auf das Scheitern, auf den Irrtum und den Umweg muß Türen zum Leben öffnen; darf nicht das »Nachsitzen« lehren, also die Weiterführung der Ehe sozusagen als Strafe verordnen. Eine evangelische Antwort ermutigt trotz aller schlechten Erfahrungen zur Hoffnung auf das Gelingen der Ehe. Eine evangelische Antwort freut sich mit den Lachenden und trauert mit den Weinenden. Das wird leicht mißverstanden als Anpassung. Dabei wird übersehen, daß nicht der »Scheiter«-Haufen und nicht das »Scherben«-Gericht, sondern die Liebe Gottes Maßstab neuen, gelingenden Lebens ist. Am eigenen Anspruch »Gescheiterte«, von der Verheißung Gottes »Enttäuschte« oder wie man sie auf unseren Formblättern – ob Staat oder Kirche – klassifiziert: »Geschiedene« haben nicht weniger Recht auf Leben, auf Vergebung, auf Gottes Barmherzigkeit und Liebe als jeder andere Mensch. Alles andere spricht die Sprache der Macht, mißt ein Leben am »Erfolg« und rechnet deshalb mit einer Münze, die »vor Gott« nicht zählt.

Die Schwierigkeit gelingender Ehe, damit auch die zutiefst ernsthafte Frage, ob zwei in einer Ehe wirklich darauf bestehen können, daß – mit welchem Akt? bei welchem Anlaß? – Gott sie zu einem unauflöslichen Ehebund zusammengefügt hat, soll am Ende dieses kurzen Gangs durch die biblischen Zusammenhänge noch einmal etwas erheiternd und vielleicht deshalb besonders einleuchtend anhand einer alten, rabbinischen Geschichte (ca. 130 n. Chr.) beschrieben werden:

Eine Matrone fragte den Rabbi Jose ben Chalphta: »In wieviel Tagen hat Gott seine Welt geschaffen?« Er antwortete: »In sechs Tagen hat Gott den Himmel und die Erde gemacht.« Sie sprach:

»Und was tut er seitdem?« Rabbi Jose antwortete: »Er bringt die Ehepaare zusammen: die Tochter von dem und dem soll dem und dem, das Geld von dem und dem soll dem und dem, das Weib von dem und dem soll dem und dem gehören!« – »Das kann ich auch«, versetzte die Matrone. »Wie viele Knechte und Mägde habe ich! In einer Stunde kann ich sie miteinander verbinden!« Rabbi Jose sprach: »Mag dies leicht sein in deinen Augen, vor Gott ist es so schwer wie das Spalten des Schilfmeers.« Drauf verließ er sie und ging fort. Was tat die Matrone? Sie nahm tausend Knechte und tausend Mägde, stellte sie reihenweise auf und sprach: »Der und der soll die und die heiraten.« Und so verband sie sie in einer einzigen Nacht. Am nächsten Morgen kamen sie zu ihr. Dem einen war der Kopf zerspalten, einem anderen das Auge ausgerissen, dem dritten der Fuß gebrochen. Der sagte: »Die will ich nicht.« Und die sagte: »Den will ich nicht.« Da sandte die Matrone hin und ließ den Rabbi Jose ben Chalaphta kommen. Sie sprach zu ihm: »Eure Lehre ist Wahrheit, schön und löblich ist sie; alles, was du gesagt hast, hast du schön gesagt!« – »Habe ich es dir nicht gesagt«, entgegnete Rabbi Jose, »wenn es auch leicht ist in deinen Augen, vor Gott ist es so schwer wie das Spalten des Schilfmeers.« [8]

Es scheint nach dieser Geschichte ein Wunder, wenn zwei Menschen so »zusammengefügt« werden, daß das Miteinander über Nacht nicht mit blauen Augen oder anderen Blessuren endet. Ein Wunder, das schon den Zeitgenossen Jesu so groß schien wie das Wunder der Befreiung Israels aus der ägyptischen Sklaverei. Eine gelingende Ehe zu stiften – »vor Gott ist es so schwer wie das Spalten des Schilfmeers«.

Befreien

Gerne bin ich »Seelsorger auf dem Weg«, lade, wenn es irgend geht, ein zum Spaziergang. Es sind nicht mehr als anderthalb Stunden, bis wir den kleinen Hügel vor uns umwandert haben. Blicke ins Weite gegen Abend, vom letzten Sturm gebrochene Buchen, geborstene Steine, der kleine »Kratersee«, das in die Hochtäler hineingeschmiegte Dorf, die plötzliche Dunkelheit eines Waldweges, das vorsichtige Suchen nach Hindernissen. Wie braucht das Auge doch so lange, bis es sich an neues Licht gewöhnt hat. Und mitten in all diesem Gefüge aus Wunder und Wirklichkeit zwei Menschen auf dem Weg, die sich öffnen, zuhören, erzählen, schweigen, sich voneinander entfernen, sich berühren. Es gibt Fluchtpunkte, Blicke ins Weite, Gedankensprünge – da, ein Reh, jetzt ist es weg –, dort die deutlichen Zeichen eines Unwetters, hier das Dunkel – zu zweit wird es fast wohnlich –, dort ein Licht am Hang gegenüber. Nur ganz von ferne Motoren, Stimmen, Menschen.

Man braucht länger als eineinhalb Stunden zu einer Lebensbeichte. Da ist so vieles, was zu erläutern wäre. All die Brüche wollen beschrieben sein, die Fehler brauchen eine Erklärung, die Umwege eine Landkarte. Und eigentlich ist alles in wenigen Minuten gesagt. Ich habe mich vertan. Ich bin in die Irre gegangen. Ich bin schuldig geworden. Ich bin am Ende mit meinem Latein. Ich kann so nicht mehr leben.

»Damals stand ich kurz vor der Meisterprüfung. Das müssen Sie wissen, die Belastung ist riesengroß, und man hofft auf einen guten Abschluß. Du willst ja nicht ewig so weitermachen. Und ich habe mir damals soviel zugetraut.

(Erstaunlich rasch kommt er vom ›man‹ über das ›du‹ zum eigentlichen ›ich‹.) Ich habe sie bei der Geburtstagsfeier eines Freundes kennengelernt. Freunde von Freunden, ach Sie wissen schon. Irgendwie saßen wir dann nebeneinander. Und später hat sie mich heimgefahren. Ich war ja in diesen Wochen nichts gewöhnt. Sie hat sich um mich gekümmert wie eine Mutter.«

»Wie Ihre Mutter?«

Er bleibt stehen. Ganz abrupt. »Ich dachte, Sie wären Pfarrer und nicht Psychologe!«

Er hat recht, das ist die Aufgabe anderer.

»Langer Rede kurzer Sinn: Wir haben ein Jahr später geheiratet. Nach der Meisterprüfung gab es dann plötzlich die Möglichkeit, Gewerbelehrer zu werden. Dann kam eines nach dem anderen; weitere Ausbildung; dann Gewerbeschule in M. Seit zwei Jahren bin ich stellvertretender Rektor. Privat war anfangs alles bestens: zwei Kinder, ein Junge und ein Mädchen, 17 und 11 Jahre. Wunderschöne Urlaube in den Bergen, viel Arbeit, aber auch ein richtiges Familienleben. Doch irgendwie – man weiß ja nachher nicht mehr den Zeitpunkt – irgendwie ist unsere Ehe müde geworden. Wir haben immer seltener miteinander geschlafen, Ausreden gab es ja genug. Nach außen war alles noch in Ordnung. Wir haben gemeinsam Konzerte besucht, einen Freundeskreis gepflegt, ich bin Kirchenältester geworden, meine Frau war aktiv in der Frauenarbeit. Wissen Sie, ich hatte nie den Eindruck, daß das bei anderen Ehen anders war. Man hat sich irgendwie arrangiert. Das hat ja auch sein Gutes. Und Verliebtheit ist etwas für Junge. Wie bei einem Feuer, denke ich, wenn man zu leichtes Holz nimmt, brennt es hoch, fällt bald zusammen und glüht kaum nach. Nehmen Sie Eiche, sogar Buche – das brennt längst nicht so hoch, aber glüht noch am nächsten Morgen. So dachte ich mir damals. Nur, daß dann eines Tages keine Glut mehr da war. Zur gleichen Zeit kam I. als neue Kollegin an die Schule. Ich glaube, ich war zum erstenmal wirklich verliebt. Das war alles ganz anders als bei meiner ersten Frau. Vielleicht war ich einfach auch reifer.«

Wir kommen zu einer Lichtung. Am Horizont weiche Linien. Ein Hügel legt sich sanft und unaufdringlich neben den anderen. Am Ende verlieren sich die Konturen in einem leichten vorabendlichen Dunst. Kein Licht. Kein Laut. Wir gehen schweigend weiter.

»Ob etwas daraus wird, weiß ich nicht. Wahrscheinlich nicht. Aber das ist auch nicht so wichtig. Wichtig ist eigentlich nur, daß ich gespürt habe: Da ist noch etwas in mir, was bisher versteckt war. Da ist Leben, Liebe – klingt das arg pubertär? –, da sind einfach noch so viele Erwartungen ans Leben. So alt bin ich noch nicht.«

»Und Ihre Frau?«

»Ja, das Schlimmste sind die Vorwürfe. Habe ich nicht immer..., warum hast du nicht..., war ich nicht immer für dich da, für die Kinder. Ja, natürlich. Sie hat alles getan und würde auch jetzt noch alles tun. Wenn sie nur könnte.«

»Sie sind schon geschieden, haben Sie mir erzählt.«

»Vor knapp zwei Monaten. Ja. Aber was heißt das schon. Da geht es um Geld, um Dinge, da wird verdreht, verhandelt und taktiert – da geht es nicht um Menschen. Da wird keine Wunde geschlossen.«

»Deshalb kann Ihre Frau nichts mehr tun.«

»Nein. Viel schlimmer. Vorgestern hat mich unser Großer – die Kinder sind bei ihr – angerufen. Sie war beim Arzt. Schon vor Wochen. Reine Routine. – Sie hat Krebs.«

Wir gehen nebeneinander auf einem abschüssigen, mit groben Steinen aufgeschütteten Weg. Sie bauen eine Skisprungschanze hier. Alles ist in Bewegung. Neue Wege werden in den Wald geschlagen. Erde wird bewegt. Dem Berg reißen sie eine Wunde, eines Tages wird sie verheilen. Eine Tages werden hier Hunderte stehen und den Springern applaudieren, die sich mutig in die Tiefe stürzen. Es wird dunkler, wir stoßen öfter aneinander. Jeder hat die Hände tief vergraben in die Jackentaschen. Schweigen kann guttun.

»Sie fühlen sich schuldig.«

»Schuld bleibt immer. Aber Mitleid ist keine Grundlage für eine Ehe. Sie wirft mir eben vor, daß ich ihr Leben und unsere Familie ruiniert habe. Und jetzt natürlich erst recht.«

»Hat sie das gesagt?«

»Nein, wir haben noch nicht miteinander gesprochen seither. Aber ich weiß das. Ich spüre das.«

Die ersten Häuser kommen in Sicht. Eigentlich sind wir noch lange nicht am Ende. Warum ist immer alles so kompliziert? Der Ostwind bläst uns spürbar kalt ins Gesicht. Ich schlage den Kragen hoch. Was soll ich sagen? Wie kann ich helfen? Warum will ich gleich helfen? Warum drängt es mich nach einer »Lösung«?

»Sie haben neulich morgens im Radio gesagt – so der Spur nach –, daß auch eine Geige mit einem Riß schön klingen kann. Das fällt mir überhaupt bei Ihnen auf, wenn ich Sie höre: Sie reden immer vom aufrechten Gang. Das suche ich. Ich möchte den Menschen wieder in die Augen schauen können. Ich möchte wieder leben können. Ich wünsche ihr nichts mehr, als daß alles gutgeht. Ich werfe ihr nichts vor. Aber jetzt, wo sie so krank ist, jetzt verfolgt mich das richtiggehend, was ich damals versprochen habe, in der Kirche in H. ›In guten und in schlechten Zeiten.‹ Oder irgendwie so. ›Bis der Tod uns scheidet...‹ Stellen Sie sich vor, was das jetzt heißt für mich!«

Gespräche wie dieses werden häufiger. Wer behauptet, Menschen würden sich heute einfach scheiden lassen, irrt. Keine Scheidung ist »einfach«. Was vor dem Richter geschieht in Gegenwart von Anwälten, ist eine Korrektur der Oberfläche, eine Wahrung des öffentlichen Interesses an klaren, geordneten Verhältnissen, ein Spruch über Kücheneinrichtung, Versorgungsansprüche, Unterhalt, Sorgerecht und Zugewinn. Vor dem Richter wird Recht gesprochen: »... hat das Amtsgericht V. für Recht erkannt...« Aber wer spricht mich »frei«?

Ich suche nach einem biblischen Anhalt für die größtmögliche Weite, die einem Menschen zugesprochen werden kann. Alle Gesetze und Gesetzmäßigkeiten sind mit der Auferstehung Jesu überwunden. »Ich elender Mensch, wer wird mich erlösen von diesem todverfallenen Leibe?« fragt Paulus stellvertretend für alle die, die sich dem Anspruch des Gesetzes stellen und an ihrem immer wieder neuen Versagen verzweifeln. Und er antwortet:

»So gibt es nun keine Verdammnis für die, die in Christus Jesus sind...

Ihr habt nicht einen knechtischen Geist empfangen, daß ihr euch abermals fürchten müßtet...

Ist Gott für uns, wer kann wider uns sein? Der auch seinen eigenen Sohn nicht verschont hat, sondern hat ihn für uns alle dahingegeben – wie sollte er uns mit ihm nicht alles schenken?

Wer will die Auserwählten Gottes beschuldigen? Gott ist hier, der gerecht macht.

Wer will verdammen? Christus Jesus ist hier, der gestorben ist, ja vielmehr der auch auferweckt ist, der zur Rechten Gottes ist und uns vertritt.

Wer will uns scheiden von der Liebe Christi? Trübsal oder Angst oder Verfolgung oder Hunger oder Blöße oder Gefahr oder Schwert? In dem allen überwinden wir weit durch den, der uns geliebt hat.

Denn ich bin gewiß, daß weder Tod noch Leben, weder Engel noch Mächte noch Gewalten, weder Gegenwärtiges noch Zukünftiges, weder Hohes noch Tiefes noch eine andere Kreatur uns scheiden kann von der Liebe Gottes, die in Christus Jesus ist, unserm Herrn« (aus Römer 8).

Paulus zählt die ganze Palette der Autoritäten auf, vor denen wir zittern, Mächte, Gewalten, die Zeit, die Vergangenheit, die Zukunft, Über-Ich und tief in unserem Innern herrschende »Mächte« – alles ist Kreatur, »geschaffen«. All das Zittern, das vordergründige Strammstehen, die Versagensängste und die Unmündigkeit – es liegt hinter uns. Ostern gibt uns Brief und Siegel für die Freiheit der Kinder Gottes.

Wer verdammt, will uns festlegen auf unsere Schuld. Ich bin freigesprochen. Ich bin nicht »verhaftet«. Wer mich festlegt auf meine Schuld, will mich nicht aus seiner Gewalt entlassen. Hat selbst Angst, verlassen zu werden. Es geht ja bei Trennung und Scheidung um ein andauerndes Springen zwischen zwei Rollen: Täter und Opfer, verlassen und verlassen werden. Keiner der beiden Partner im Sterbeprozeß einer Ehe ist nur Opfer oder ausschließlich Täter. Keiner kann deshalb auch die große, von Gott geschenkte Weite für sich allein in Anspruch nehmen. Sie bleibt Zuspruch für beide.

Es gibt beim Sterben eines Menschen ganz ähnliche Mechanismen: »Jetzt red' doch nicht so was. Paß auf, du wirst noch hundert Jahre alt. Wir brauchen dich noch.« Menschen können nicht loslassen, der Sterbende kann nicht sterben, das Klammern wird zur Qual, Angst und Schuldgefühle werden so mächtig, daß nur noch die Lüge herrscht.

»In dem allen überwinden wir weit durch den, der uns geliebt hat.«

Solange noch »mein und dein«, solange noch »du hast versprochen, und ich habe daran geglaubt« – das »Gesetz« –

unser Handeln bestimmen, werden wir allenfalls unserer Schuld bewußt. Sobald wir uns nicht mehr an dieses Gesetz klammern, können wir beginnen, loslassen zu üben, uns und den anderen von Gott lieben zu lassen.

Es tut gut, wenn ich den Punkt finde, wo ich mich nicht mehr mit einem Bibelspruch, mit einem Gesetz, mit einem richtigen Satz »bewaffne«. Es gibt wohl im Neuen Testament kein befreienderes Wort als dies: »Nichts trennt uns von der Liebe Gottes.« Die Wahrheit dieses Satz erweist sich dann, wenn sie auch für den »anderen« gilt: An dem, der mich verläßt, der mir weh getan hat, mir untreu war, mir feind geworden ist, an dem erweist sich, ob man sich auf Gottes Wort verlassen kann. Daß uns nichts und niemand trennt von der Liebe Gottes, das ist die Überschrift, ohne die wir als Christen nicht verantwortlich über Trennung und Scheidung reden können.

Auf Gottes Wort ist Verlaß. Im Leben und im Sterben. In der Geschichte eines Volkes und in der Biographie des einzelnen. Auch im Sterben einer Ehe. Welche Wege und Umwege ich auch gehe. Auf Gottes Wort ist Verlaß.

Das gilt angesichts aller Scherbenhaufen, der persönlichen Scherbenhaufen einer Ehe, einer Familie, einer Erziehung, einer Berufsperspektive wie auch der Scherbenhaufen eines Volkes: Gottes Bund hält allen Belastungen stand, Gottes Liebe bleibt, Gottes Wort ist nicht in Sand und Wind geschrieben.

Menschen müssen angesichts von Umwegen und Scherbenhaufen nicht in der Vergangenheit kramen, sich winden und drehen, sich mühen und schauspielern. Sie müssen sich nicht nach allen Seiten absichern. Das große Angebot ist, so frei zu sein und Gott zu trauen. Ich bin so frei und glaube an Gottes Liebe.

Im Talmud wird folgende Geschichte erzählt: Rabbi Jannai hatte große Furcht davor, daß eine Schlange, während er schlief, in sein Bett kriechen und ihn beißen könnte. Deshalb ließ er die vier Füße seines Bettes in Schalen stellen, die mit Wasser gefüllt waren. Gleichwohl, als er einmal im Bett die Hand ausstreckte, faßte er eine Schlange.

Da sprach er zu seinen Schülern: Hebt mein Bett und laßt es auf der bloßen Erde stehen; ich will mich künftig allein auf den verlassen, von dem es heißt: »Er, der der Einfältigen Hüter ist.«[9]

»Das Entscheidende«, sagt er, als wir den Wald und den Berg hinter uns lassen und uns auf den Rückweg machen, »das Entscheidende ist, daß ich mir wieder selbst ins Gesicht schauen kann. Daß ich weiß, ich habe die Freiheit, nein zu sagen. Ich füge Schmerz zu. Das weiß ich. Aber alles andere wäre der Tod. Ich habe das Recht, auch an mich zu denken. Es wird noch lange dauern, bis ich das wirklich begriffen habe und nicht bei jedem Stichwort, das nur andeutungsweise von Verantwortung und Schuld spricht, zusammenzucke.«

Und als wir unten im Tal an einer fast endlosen Reihe frisch geschlagener Tannenbäume für die Weihnachtsmärkte in den Städten vorbeikommen, meint er noch: »Er hat ja schließlich auch klein angefangen, im Stall. Und die Voraussetzungen waren alles andere als gut. Aber wenigstens stand er unter einem guten Stern.«

Ich erzähle ihm von Jochen Klepper, dem Nacht und Schuld nicht fremd waren. Der sich gemeinsam mit seiner Familie kurz vor dem Abtransport seiner jüdischen Frau und Tochter ins Konzentrationslager das Leben nahm in schlimmster Ausweglosigkeit. Der sich mit Gedichten und Liedern selbst immer wieder das Evangelium zugesprochen hat. Von der Kraft seiner Lieder lassen sich heute noch viele anstecken. Er weiß, wovon er spricht:

Noch manche Nacht wird fallen
auf Menschenleid und -schuld.
Doch wandert nun mit allen
der Stern der Gotteshuld.
Beglänzt von seinem Lichte,
hält euch kein Dunkel mehr:
Von Gottes Angesichte
kam euch die Rettung her.[10]

Hassen

Nein, den Haß nimmt dir keiner. Er führt sein Eigenleben tief unter der Haut, im Keller des Lebens, in der hintersten Ecke. Nährt sich an guten Tagen von abgelegten Bildern, verdrängten Träumen, geschnürten Erinnerungen. An schlechten Tagen kommt er bis zur Treppe, ordnet geschäftig Regale, sucht gefräßig nach neuen Wunden.

Nein, den Haß nimmt dir keiner. Wer vermutet schon tief unter dem Sand der Wüste die riesigen Erdöllager, flüssige, höchst lebendige Vergangenheit? Es muß nur einer kommen, der tief genug bohrt, und schon drängt es sich hemmungslos ans Tageslicht: längst gestorbenes und begrabenes Leben. Außer Kontrolle geraten, regnet es neuen schwarzen Tod. Nein, den Haß nimmt dir keiner. Allenfalls kann man ihn bändigen, seinen Schaden begrenzen, Bohrlöcher verschütten, Brände löschen.

Sie sitzt mir gegenüber. Den Mantel hat sie abgelegt. Den kleinen Schlüsselbund hat sie in der Hand behalten. Zwei Schlüssel und ein kleiner Plastikteddy. Sie ist knapp vierzig. Lebt seit einem halben Jahr getrennt. Ich kenne sie aus wenigen Gesprächen. Über einen Vorwand hatten wir uns gemeinsam vorgetastet zu ihren eigentlichen Fragen.

Sie legt den Schlüssel nicht weg, nicht einmal, als sie mit beiden Händen die warme Teetasse umfaßt. Sie ist noch Gast. Möchte die Schlüssel nicht weggeben, möchte den Rückzug nicht beschnitten sehen, will sich nicht ausliefern und zittert doch an Leib und Seele. Ich weiß nicht, was richtiger ist: auf sie zugehen, trösten, wärmen. Oder zurückweichen, ihr Raum geben, warten.

»Gestern ist wieder ein Brief vom Anwalt gekommen. Deshalb habe ich angerufen.«

Es muß schmerzen, mit welcher Gewalt sie Schlüssel und Plastikbär zwischen Hand und Tasse fast zerdrücken will. Sucht sie Halt? Will sie jemandem an die Kehle?

»Das ist so ein Schwein, das kann man gar nicht sagen!«

»Ihr Mann?«

»Nur weil ich im Bett nicht alles mitgemacht habe! Ich kann doch nichts dafür. Er hat mich doch gezwungen, bis ich einmal – – – gekotzt habe.«

Der Tee in der halbvollen Tasse schwappt über. Sie verkrampft noch mehr. Drückt die Schulter zusammen, die Oberarme seitlich an die Brust.

»Ich habe dann angefangen, bevor er kam, zwei oder drei Cognac zu trinken. Ich wollte doch meine Ehe nicht gefährden. Ich wollte doch nicht, daß er zu anderen geht. Ich wollte doch nicht schuld sein.«

»Und darüber schreibt der Anwalt?«

»Ich sei Alkoholikerin. So ein Schwein. Über zehn Jahre bin ich mit diesem Kerl verheiratet. Nun stellt er mich als Alkoholikerin hin und sagt, so jemandem könne man kein achtjähriges Kind anvertrauen.«

Pause. Sie wischt ihre Tränen.

»Umbringen könnte ich ihn.«

Und endlich, nachdem das alles gesagt ist, endlich schaut sie mich geradeheraus an, nun vollkommen kontrolliert:

»Verstehen Sie das? Als Pfarrer?«

Darf ein Mensch hassen? Darf ein Mensch dem anderen den Tod wünschen? Darf ich überhaupt so fragen?

Was haben wir nur angerichtet, als wir die Weisung der Nächstenliebe, gar der Feindesliebe zur »wahren Lehre« erhoben haben, anstatt im Lehrer, in Jesus Christus selbst die Wahrheit zu suchen? Wie viele fragen so oder sagen so: »Das darf man als Christ nicht denken, das darf man als

Christ nicht fühlen...« Wieviel inneres Elend »darf« nicht geäußert werden, kommt nicht ans Licht, auch nicht ins Licht Gottes, findet keine Heilung, keine Wegweisung, keine Vergebung!

In den Psalmen, dem großen Gebetbuch nicht nur der Juden, auch der Christenheit, begegnet menschliche Klage, auch menschlicher Haß in elementarer Form:

»Du kennst meine Schmach,
meine Schande und Scham;
meine Widersacher sind dir alle vor Augen.
Ihr Tisch werde ihnen zur Falle,
zur Vergeltung und zum Strick.
Ihre Augen sollen finster werden, daß sie nicht sehen,
und ihre Hüften laß immerfort wanken.
Gieß deine Ungnade über sie aus,
und dein grimmiger Zorn ergreife sie.
Ihre Wohnstatt soll verwüstet werden,
und niemand wohne in ihren Zelten.
Laß sie aus einer Schuld in die andre fallen,
daß sie nicht kommen zu deiner Gerechtigkeit.
Tilge sie aus dem Buch des Lebens,
daß sie nicht geschrieben stehen bei den Gerechten.
Ich aber bin elend und voller Schmerzen.
Gott, deine Hilfe schütze mich!« (aus Psalm 69)

Die Klagen und Bitten der Psalmen sind Bestandteil unserer gottesdienstlichen Gebete. Die Sätze, in denen die Beter ihren Haß klagen, sind meist aus unseren liturgischen Formularen gestrichen. Die Psalmen sind zurechtgestutzt.

»Ihr habt gehört, daß gesagt ist ›Du sollst deinen Nächsten lieben‹ und deinen Feind hassen. Ich aber sage euch: Liebt eure Feinde und bittet für die, die euch verfolgen« (Matthäus 5,43 f). In keiner Zeile des Alten Testamentes lese ich, daß Feinde gehaßt werden »sollen«. Ich lese allerdings davon, daß es Haß gibt in der Welt. Daß Menschen unerträglich leiden unter Unrecht, unter Verfolgung und übler Nachrede. Verzweifelte, angesichts der sprachlichen, politischen oder sozialen Macht der »Feinde« ohnmächtige Menschen wünschen dem, der ihnen ans Leben geht, den Tod. Haben keinen anderen Einfall mehr, der ihr Leben retten könnte, als die Bitte: Gott, nimm diesen Kerl aus meinem Leben, ich liege schon in der Grube und kann mich nicht mehr wehren. Nimm du, Gott, meine Sache in die Hand.

Ich rede über tiefste Krisen in einem Menschenleben, über schlimmste Vergewaltigung und Ohnmacht. In der ein Mensch seine letzte Bitte hinausschreit: Er oder ich. Nimm du es in die Hand. Und, nachdem er das hinausgeschrien hat, nun seinem Gott anders gegenübertritt, vertrauend, ermutigt. Er hatte die Hände geballt, nun können sie sich öffnen zum Gebet: Du hast doch in der Geschichte unseres Volkes und in meinem Leben oft schon Gutes getan und Not gewendet. Du wirst mich retten aus der Hand meiner Feinde.

Die Psalmen lehren nicht Haß. Es bleibt in Geltung die Weisung:

»Du sollst deinen Bruder nicht hassen in deinem Herzen, sondern du sollst deinen Nächsten zurechtweisen, damit du nicht seinetwegen Schuld auf dich ladest. Du sollst dich nicht rächen noch Zorn bewahren gegen die Kinder deines Volks. Du sollst deinen Nächsten lieben wie dich selbst; ich bin der Herr« (3. Mose 19,16 ff).

Das ist die Ordnung Gottes. So soll es sein. Lade deinen Haß ab – bei mir. Nenne das Unrecht und die Feinde beim Namen. Laß dein Leben nicht zerstören, nicht in den Schmutz ziehen, nicht vergewaltigen. Ja, liebe den anderen – wie dich selbst. Laß den Haß zu, um ihn mit meiner Hilfe zu überwinden.

Haß macht blind. Wer seinen Haß unterdrückt, verbaut sich die Aussicht. Wer, begleitet von einem anderen, in seiner tiefsten Not den Haß zuläßt, schwemmt mit den Tränen, mit den Klagen und den »bösen Wünschen« Zugänge zu seiner Seele frei. Vielleicht, daß dann eines Tages durch diese Zugänge etwas zurückfließt von den anderen Kräften, den anderen »Lösungen« Gottes.

Eigentlich wünsche ich nicht dem anderen den Tod, eigentlich kämpfe und bitte ich um mein Leben. Eigentlich will ich nicht den anderen in der Grube und im Dreck, ich will nur selbst aufrecht gehen und genesen. Eigentlich will ich nicht den anderen ausliefern, will nur selbst behütet sein. So paradox es klingt: Ich muß hassen dürfen, um vergeben zu können.

Auge um Auge, Fehltritt um Fehltritt, Lüge um Lüge, Leben um Leben – Gott ist dazwischengetreten. Ich habe ihm meinen Haß ins Gesicht geschrien. Er sucht nach einer Lebensgrundlage: »Ich lebe, und ihr sollt auch leben.«

Ich »vergebe«: Ich vertraue Gott das Geschick dessen an, der mir zutiefst weh getan hat.

Ich »vergebe«: Ich entlasse den anderen aus meinem Einflußbereich, aus dem Bannkreis meiner bewußten und unbewußten Todeswünsche.

Ich »vergebe«: Ich spüre, daß ich leben kann, ohne den anderen »aus dem Weg geräumt« haben zu müssen.

Wir bewegen uns im Grenzbereich. »Richtig« und »falsch« sind in diesem Bereich kaum noch taugliche Maßstäbe. Hier geht es nicht um gekränkte Eitelkeit, um Geld und Lebensversicherungen, um die Darstellung gemeinsamer Geschichte, um Plus- und Minuspunkte vor dem Scheidungsrichter, um Versorgungsansprüche und Familienschmuck. Hier geht es um Tod und Leben. Hier hilft keine theologische Spitzfindigkeit und kein ethischer Rigorismus. Hier gibt es wohl überhaupt keine »Lehre«. Wo in

Todesnot geschrien wird, geht es um Rettung. Du willst mir ans Leben. Ich will dir ans Leben. Mein Haß gegen deinen Haß. Es ist müßig, an dieser Stelle Moralpredigten zu halten. Gott wirft sich zwischen uns. Es darf heraus, was mich quält, was mich fast umbringt. Laß es heraus. »Wirf dein Anliegen auf den Herrn, der wird dich versorgen...« (Psalm 55,23).

Was haben sich Jakob und Laban nicht alles angetan! Zwanzig gemeinsame Jahre, mit Herzlichkeit und Küssen hat alles begonnen. Doch die Jahre des Zusammenlebens werfen mehr und mehr Schatten auf die Beziehung. Sie versuchen es mit »Gütertrennung«. Als alles nichts nützt, zieht Jakob über Nacht aus und nimmt einfach mit, was ihm lieb und wichtig ist. Keiner ist dem anderen einen Fußtritt, eine Hinterlist, eine Lüge oder eine andere Bösartigkeit schuldig geblieben. Dann sind sie am Ende mit ihrem Latein. Bevor sie sich gegenseitig totschlagen, kommen sie zur Besinnung. Sie sorgen dafür, daß Land zwischen sie kommt. Sie spüren, wir schlagen uns in einem endlosen Krieg gegenseitig Wunden. Sie werfen sich gegenseitig alles noch einmal vor. Nennen die Lumperei beim Namen, die Täuschung, die Lüge, die Angst. Sie bauen einen Steinhaufen als Mahnmal. Aus den Scherben ihrer kaputten Beziehung bauen sie an der Grenze zwischen »mir« und »dir« ein Zeichen auf. Sie gehen auseinander. Der eine dahin, der andere dorthin. Getrennte Wege. Sie sind geschiedene Leute. Und zwischen ihnen – ein Steinhaufe, ein Scherbenhaufen; doch nicht nur dies: Zwischen ihnen Gott selbst: »Es ist hier – auf diesem Todesstreifen – kein Mensch bei uns; siehe aber, Gott ist Zeuge zwischen mir und dir...« (1. Mose 31). Sie haben abgeladen, Stein für Stein, Haß auf Haß, Todeswunsch auf Todeswunsch. Und nun richten sie sich auf. Sehen sich als Getrennte in die Augen. Gehen auseinander – und leben. Und Gott ist Zeuge. Zeuge heißt im

Griechischen Märtyrer. Gott, Jesus Christus allein steht es zu, zwischen uns Zeuge zu sein. Keiner braucht Gottes Rolle zu übernehmen: kein Opfer mehr! Am Anfang unser Haß, in der Mitte sein Martyrium, am Ende unser Leben.

»Verstehen Sie das? Als Pfarrer?« Ja, ich verstehe das, auch als Pfarrer. Ich kenne die bewußten und geträumten Todwünsche. Und nicht minder die damit verbundenen Schuldgefühle: Du bist verantwortlich für das, was du dem anderen an Schlimmem gewünscht hat. Wehe, es trifft ein.

Ich weiß, es ist nicht getan mit einer Klage, mit einem Gefühlsausbruch, mit einer Beichte. Jakob und Laban bauen einen Altar, ein Steinmal und rufen Gott zum Zeugen. Diese Klagemauer kann ich immer wieder anlaufen, sie markiert aber eine Grenze, »daß ich nicht an diesem Haufen vorüberziehe zu dir hin oder du vorüberziehest zu mir hin an diesem Haufen und diesem Mal in böser Absicht«. Die Zeit des Steinesammelns, des Steinewerfens kommt an ein Ende. Gott ist Zeuge. Wer die Steine nicht ablädt, wird den Wunsch, sie zu werfen, nie los.

Ich kann nur werben und raten zur Klage, zur kontrollierten Äußerung häßlicher Gedanken und tödlicher Wünsche, zur Beichte. Dann liegen die »Brocken« da. Man kann ihnen eine andere Funktion geben, kann vor ihnen zurückweichen. Kann um Vergebung bitten und um Heilung. Wird vielleicht immer wieder einmal zu diesem »Mahnmal« zurückkehren, spürt, daß noch immer nicht alles »heraus« ist. Aber man ist nicht mehr blind vor Haß, kann sich aufrichten und neue Wege gehen.

»Am Morgen aber stand Laban früh auf, küßte seine Enkel und Töchter und segnete sie und zog hin und kam wieder an seinen Ort. Jakob aber zog seinen Weg. Und es begegneten ihm die Engel Gottes« (1. Mose 32,1 f).

Klagen

Wer geschieden werden will, muß vorher klagen. So will es das Gesetz: Wo kein Kläger, da kein Richter. Einer muß bereit sein, die Klage einzureichen. Wer von beiden klagt?

Sowenig auch dieser Begriff dem tatsächlichen juristischen Vorgang einer Scheidung entsprechen mag – es wird ja eigentlich ein »Antrag« auf Scheidung gestellt –, die Tatsache, daß erst geklagt werden muß, enthält eine Tiefendimension, die dem Trauerprozeß einer sterbenden Ehe angemessen ist.

»Nein, es gab keinen Streit. Wir haben uns nicht angeschrien, gequält, verletzt. Eines Tages, wir saßen lange schweigend nach einem Fernsehspiel im Wohnzimmer, sagt er zu mir: ›Ich bin innerlich so müde.‹ Und ich antworte nach einer Weile: ›Ja, ich spüre das auch schon lange: Du bist mir einfach weggestorben. Das gemeinsame Essen – Routine. Die wenigen Male miteinander schlafen – Routine. Und, was wird jetzt?‹

Du bist mir einfach weggestorben, so hab' ich ihm das gesagt. Und er hat genickt. Da standen wir plötzlich wie aus heiterem Himmel am Grab unserer Ehe und hatten den Eindruck, die Kränze auf dem Grab waren längst schon verwelkt.«

Es gibt verschiedene Formen der Klage. Die nichtgeäußerte Klage ist die schlimmste. Sie ist »ohnmächtige Klage«. Sie verschüttet den Widerstand. Sie lähmt den Lebenswillen. »Jeder, der lange genug unglücklich war, handelt wie in heimlichem Einverständnis mit seinem eigenen Unglück.

Dieses Einverständnis hemmt alle Anstrengungen, die er etwa machen könnte, um sein Los zu verbessern; es geht so weit, daß es ihn hindert, die Mittel zu seiner Befreiung zu suchen, mitunter sogar so weit, daß es ihn hindert, diese Befreiung auch nur zu wünschen. Dann hat er sich in seinem Unglück eingerichtet, und die Menschen können glauben, er sei zufrieden. Ja mehr noch, dieses Einverständnis kann dahin führen, daß er, sich selber unbewußt, die Mittel und Wege zur Befreiung meidet und flieht« (Simone Weil[11]).

Die stumme Klage, die nichtgeäußerte Klage stellt den Partner vor die größten Probleme. »Wie aus heiterem Himmel« kommt die Einsicht: »Eigentlich sind unsere Gefühle füreinander, die Freude aneinander, der Rest innerer Fröhlichkeit miteinander schon lange gestorben. Ja, sie sind schon begraben, und wir haben das Begräbnis nicht einmal besucht. Die Kränze auf dem Grab sind schon verwelkt.«

Das Erschrecken über den Tod einer Liebe und Ehe ist noch lange kein Hinderungsgrund, eine solche Ehe weiterzuführen, auch wenn sie keine »Perspektive« mehr hat. Der Wunsch nach Befreiung ist gestorben. Man hat sich »eingerichtet«, damit »abgefunden«. Meidet sogar Mittel und Wege zur Befreiung. Geht den Menschen aus dem Weg, die mit ihrer Fröhlichkeit oder Zuneigung die Grabesruhe gefährden könnten.

»Nein, ich wäre nie auf den Gedanken gekommen, meinen Mann zu betrügen. Das war halt so, da gehöre ich hin. Ich hab's mir ja selbst einmal so ausgesucht. Gut, da war der eine oder andere längere Blick, wie ein Wink über den Zaun. Aber mehr hab' ich nicht zugelassen. Vielleicht auch aus Furcht, dem allem nicht gewachsen zu sein. Ich weiß ja, wenn ich ehrlich bin, gar nicht mehr, wie ich auf Liebe reagiere.«

Ich möchte jeden ermutigen, rechtzeitig und hörbar zu klagen. Jedenfalls zu der Zeit zu klagen, in der Lebenswille, Hoffnung und Kraft vorhanden sind. Dabei meine ich nicht »schmollen, jammern, Mitleid heischen«, ich meine echte Klage. Aber vielleicht haben wir das nie kennengelernt und geübt. So wie unter mehr und mehr Todesanzeigen die traurige Bitte steht: »Von Beileidsbezeugungen am Grab bitten wir abzusehen«, so ist auch die »Gattung« Klage aus unserer Kommunikation fast verschwunden. Unter übermalten Sorgenfalten, retuschierten Tränenspuren, unter Bergen von Aktivitätsmüll muß sie erst freigeschaufelt werden. Doch wer macht sich die Mühe, wer traut sich zu, einer Klage gewachsen zu sein, wer will schon die Verantwortung übernehmen?

Klagen – wenn es nicht in ohnmächtiger Wut, in unkontrollierter Aggression oder Selbstzerstörung enden soll, muß einen »Sinn« haben, muß einen Hörer finden, muß einen Rest Hoffnung als Grundlage haben, muß aus Lebenswillen geboren sein. So widersprüchlich sich dies zuerst anhören mag: Klage bedarf des Vertrauens als Grundlage. Wer kein Vertrauen (mehr) hat, kann nicht mehr klagen. Er kann allenfalls schreien, toben, verletzen, schweigen. Mißtrauen raubt der Klage die Hoffnung auf Gehör.

Wie aber, wenn ich zu meinem Mann jegliches Vertrauen verloren habe? Wenn ich nicht weiß, ob die Freunde ihm meine Klage zutragen, meine Worte umdrehen, mir eher schaden als helfen? »Glatter als Butter war sein Reden, doch Krieg in seinem Sinn. Seine Worte waren linder als Öl, doch es waren Dolche!« (Psalm 55,22). Und was nützt alles Klagen, wenn die Ehe zerbrochen, wenn nichts mehr zu heilen ist, ich selbst auch nicht mehr die geringste Hoffnung auf Wiederbelebung habe?

Klage hat – wenn sie »mächtige Klage« ist – zwei Seiten, beide gehören zusammen:

Ich beklage mein Leid, klage den an, der mir Leid zufügt, beklage meine eigene Ohnmacht, meine Verletzlichkeit, meine eigene Schwäche, Sturheit oder Krankheit. Ich äußere meine Leidensgeschichte.

Klage will in ihrer zweiten Bedeutung »reklamieren«, ich klage mein Recht ein. Ich verlange, was mir zusteht. Ich habe ein Recht auf Leben, Freiheit, Liebe und Zärtlichkeit. Und ich klage, damit mir einer die Bedingungen schafft, unter denen dieses mein Recht auch greifen kann.

Geht es um die äußeren Bedingungen, um die Herstellung einer neuen Lebensordnung, dann ist der Richter der, an den ich mich mit meiner Klage wende. Der Anwalt ist mein »Klagehelfer«. Die Gesetze sind die Grundlage, auf die ich mich berufen kann. Richter und Anwalt werden einen Teil meiner Fragen abweisen, die Leidensgeschichte interessiert nur am Rande: »Wir können Sie ja verstehen, aber das gehört nun wirklich nicht hierher.«

Vielleicht gab es einmal Zeiten, in denen beide Seiten der Klage noch nicht so auseinandergerissen waren. Die Bibel hält jedenfalls zusammen, was eigentlich auch zusammengehört. Zwei Psalmen sollen verdeutlichen – es geht dabei nicht um Scheidung! –, wie alle Aspekte einer Klage miteinander verwoben werden. Versuchen Sie, beim langsamen Lesen dieser alten und doch so aktuellen Worte sich selbst »hineinzulesen«. Sie werden entdecken: Der Psalm ergreift Partei für Sie, spricht Ihnen »aus der Seele«:

»Es treten falsche Zeugen auf;
sie fordern von mir, wovon ich nichts weiß.
Sie vergelten mir Gutes mit Bösem,
um mich in Herzeleid zu bringen.
Sie aber freuen sich, wenn ich wanke,

und rotten sich zusammen;
sie rotten sich heimlich zum Schlag wider mich,
sie lästern und hören nicht auf.
Herr, wie lange willst du zusehen?
Errette doch meine Seele vor ihrem Unheil!
Ich will dir danken in großer Gemeinde;
unter vielem Volk will ich dich rühmen.
Laß sich nicht über mich freuen,
die mir zu Unrecht feind sind;
laß nicht mit den Augen spotten,
die mich ohne Grund hassen!
Herr, du hast es gesehen, schweige nicht;
Herr, sei nicht ferne von mir!
Wache auf, werde wach, mir Recht zu schaffen
und meine Sache zu führen, mein Gott und Herr!
Herr, mein Gott, verhilf mir zum Recht
nach deiner Gerechtigkeit,
daß sie sich nicht über mich freuen« (aus Psalm 35).

Der Beter des Psalmes wird falsch beschuldigt, man tuschelt über ihn, macht ihn lächerlich und stellt ihn bloß. Er aber klagt vor Gott um sein Recht auf Richtigstellung der Vorwürfe, will seine Unbescholtenheit zurück, sucht seinen Frieden und will seine Ruhe haben. Er klagt an und klagt ein. Er beklagt sein Leid, er beklagt seine »Feinde«, und er klagt sein Recht auf ungestörtes Leben ein. Er kann sich dabei auf Gott berufen, dessen Gerechtigkeit Grundlage des Lebens ist.

»Gott, höre mein Gebet
und verbirg dich nicht vor meinem Flehen.
Merke auf mich und erhöre mich,
wie ich so ruhelos klage und heule,
sie wollen Unheil über mich bringen
und sind mir heftig gram.

Mein Herz ängstet sich in meinem Leibe,
und Todesfurcht ist auf mich gefallen.
Furcht und Zittern ist über mich gekommen,
und Grauen hat mich überfallen.
Ich sprach: O hätte ich Flügel wie Tauben,
daß ich wegflöge und Ruhe fände!
Siehe, so wollte ich in die Ferne fliehen
und in der Wüste bleiben.
Ich wollte eilen, daß ich entrinne
vor dem Sturmwind und Wetter.

Wenn mein Feind mich schmähte,
wollte ich es ertragen;
wenn einer, der mich haßt, groß tut wider mich,
wollte ich mich vor ihm verbergen.
Aber nun bist du es, mein Gefährte,
mein Freund und mein Vertrauter,
die wir freundlich miteinander waren,
die wir in Gottes Haus gingen inmitten der Menge!

Ich aber will zu Gott rufen,
und der Herr wird mir helfen.
Abends und morgens und mittags will ich klagen
und heulen; so wird er meine Stimme hören.
Er erlöst mich von denen, die an mich wollen,
und schafft mir Ruhe« (aus Psalm 55).

Ein (politisch) Verfolgter wendet sich an Gott und klagt. In erschütternden Worten beschreibt er seinen kläglichen Zustand: Das Herz bebt, er zittert am ganzen Leib, ist entsetzt. Am liebsten möchte er davonlaufen, weit weg fliegen und sich an sicherem Ort niederlassen. Der sichere Ort ist die Wüste: Ort größter Gottesnähe und Ort größten Ausgesetztseins.

Was ist dem Beter des Psalms geschehen? Was hat ihm den Lebensmut geraubt? Es sind die eigenen Freunde, die ihn schmähen, sein Vertrauen ist mißbraucht. Er ist hintergangen, fallengelassen, verraten, schutzlos. Keiner, der ihn noch birgt.

Dem Beter des Psalms 55 gelingt es, die ohnmächtige, selbstzerstörerische Flucht in die Wüste, in den Suizid, an den Ort, an dem ich »nichts mehr höre und sehe«, umzukehren in eine »Flucht nach vorne«. Er verschwindet nicht, er verschafft sich Gehör. Hat er auch erst nur Unheilsphantasien für die Feinde – er kann sich Rettung nicht anders vorstellen, als daß der Tod nun über die anderen herfällt –, nun ist er doch wieder beteiligt am Geschehen. Sein Urvertrauen gibt ihm Kraft, Leben einzuklagen, zu Gott zu schreien. Er erinnert sich an diesen einen »Freund« und klagt seine Hilfe ein.

Wie kommen die Beter der Psalmen dazu, in Zeiten größter Not und Ausgesetztheit, wenn nichts mehr trägt, was bis dahin Halt und Orientierung gab, auf manchmal fast trotzige Weise bei Gott ihr Recht einzuklagen? Was ist der Grund dieses Vertrauensüberschusses: »*Du aber* bist mein Fels und meine Burg. *Du aber* bist meine Zuflucht für und für. *Du aber*, Herr, Gott, bist barmherzig und gnädig, geduldig und von großer Güte und Treue. Sie werden vergehen, *du aber* bleibst; sie werden alle veralten wie ein Gewand; wie ein Kleid wirst du sie wechseln, und sie werden verwandelt werden. *Du aber* bleibst, wie du bist, und deine Jahre nehmen kein Ende…«

Der Grund für dieses selbst in größter Not und Ausweglosigkeit bleibende Urvertrauen hat etwas mit dem anderen Verständnis von Zeit in der hebräischen Sprache und Denkweise zu tun: Der Mensch steht mit dem Rücken zur Zukunft und blickt vor sich auf die ganze Vergangenheit seines Lebens. Während wir meinen, die Vergangenheit *hinter* uns zu haben, hat sie der Israelit *vor* sich. Nach dieser Sicht bewegt sich der Mensch durch die Zeiten wie ein

Ruderer, der sich rückwärts in die Zukunft bewegt; er erreicht das Ziel, indem er sich orientiert an dem, was einsichtig vor ihm liegt; diese enthüllte Geschichte bezeugt ihm den Herrn der Zukunft (Hans Walter Wolff[12]).

Wie kommt der verzweifelte Beter, der Angst hat, den Feinde bedrängen, der von Gott vergessen scheint, dazu zu sagen: »Gott, ich traue dir«? Angesichts dieser Gegenwart kann er von der Zukunft doch nichts Gutes erwarten! Aber er denkt anders. Er »rudert mit dem Rücken zur Zukunft« und sieht vor sich, in der Vergangenheit, wie oft ihn Gott schon bewahrt hat. Er sieht die Hilfe Gottes vor sich in seinem zurückliegenden Leben und sagt: »Ich gedenke der Tage *vor mir*, ich bedenke alle deine Taten und spreche von den Werken deiner Hände. Ich breite meine Hände aus zu dir, meine Seele dürstet nach dir wie ein dürres Land. Mein Herz freut sich, daß du so gern hilfst« (Psalm 143,5 ff).

Von daher erschließt sich vielleicht auch eine Ahnung dafür, daß Vergänglichkeit, daß zeitliche Grenzen und eigenes Scheitern nichts Bedrohendes sein müssen. Sicherlich tut es auch den Menschen der Bibel weh, daß dem Leben Grenzen gesetzt sind. Aber Gottes Treue ist beständig, was immer auch *von hinten auf mich zukommt*. Ich setze nicht die Zeit, ich nähre nicht den Fluß, die Zeit kommt auf mich zu, das Wasser fließt auf mich zu, Gott kommt zu mir. Deshalb kann ich mich ganz der Gegenwart widmen, ohne Angst, etwas zu verlieren. Denn es kommt ja doch so auf mich zu, wie Gott es fügt. Entscheidend ist, daß diese Treue bleibt. Daß der Fluß fließt. Würde diese Quelle versiegen, erst dann würde mein Rudern sinnlos. Erst dann träte ich auf der Stelle. Erst dann – wäre ich nichts. Erst dann, wenn Gottes Treue ein Ende hat, ist der Mensch nichts. Erst dann hat seine Klage keine Hoffnung, sein Leben keinen Grund.

Leider wird der Mensch von der Kirche viel zu sehr unter dem Gesichtspunkt seiner Fehler, seiner Sünde, seines Getrenntseins von Gott gesehen: »*Ich armer, elender, sündiger Mensch*! Ich tue nicht, was ich will; sondern was ich hasse, das tue ich« (Römer 7).

»Zeugen der Liebe Gottes« ist es ungleich wichtiger, den unverbrüchlichen und immer wieder neu auf uns zukommenden Lebensgrund des Menschen in den Mittelpunkt zu stellen: *Ich bin gewiß, daß nichts uns trennt von der Liebe Gottes.* Keine Gefahr, kein Scheitern, keine Macht, keine Dämonie, nicht einmal der Tod (Römer 8).

Der Mensch kann – in Hoch- oder Tiefzeiten des Lebens – nur im Gleichgewicht bleiben oder ins Gleichgewicht kommen, wenn auch dies im Lot ist: ›*Ich elender Mensch... bin gewiß.*‹ Im Elend ist uns diese Gewißheit Grund zur Klage, Grund zur Hoffnung, daß mein Recht auf Leben nicht verwirkt ist. Gott fällt mir nicht in den Rücken. Er kommt auf mich zu und trägt mich in der Zeit der Klage und in der Zeit der Freude. Ich kann danken. Ich kann klagen. Ich kann aufrecht gehen. Ich habe ein Recht zu leben.

Quälen

Erst beim dritten oder vierten Lesen ihres Briefes fällt mir das Briefpapier auf: ein Waldweg im Gegenlicht, Herbstbäume in Nebel getaucht, weiche, zarte, ausgebleichte Farben. Kleine Blätterberge säumen den Weg, der sich im Nebel verliert.

Lieber Herr Pfarrer,
ich schreibe wegen dem Geistlichen Wort am vergangenen Montag. Sie sprachen von dem Brief einer Frau, deren Mann wochen- bzw. monatelang nichts mit ihr spricht. Leider läuft mein Eheleben schon ca. 2 Jahre ähnlich. Zu dieser Zeit hörte mein Mann auf zu arbeiten – vorzeitig.

Gerne würde ich mit der Frau, von der Sie sprechen, Kontakt aufnehmen . . .

Das alles ist so traurig – zu einer Beratung würde mein Mann nie gehen, ich kann aber so nicht weiterleben und denke in diesem Zusammenhang öfter an Scheidung – nach 35 Ehejahren! Ich bin ziemlich fertig, kann oft nur mit Tabletten schlafen und bin eigentlich doch ein positiver Mensch – ich war ein solcher.

Einen freundlichen Gruß von *Ch. F.*

Der Einfallsreichtum, mit dem Menschen Menschen quälen, ist offensichtlich grenzenlos. Menschen machen sich gegenseitig das Leben zur Hölle: Schläge, Schweigen, Erniedrigung, Bloßstellung – oft jahrelang werden Ehen zum Ort der Qual. Die Diskussionen treten auf der Stelle, es beginnt ein Mechanismus, den eigentlich keiner will: Der eine sucht und entblößt die Wunden des anderen. Überleben scheint nur noch möglich, wenn ich dem anderen so weh tue, daß er »aufgibt«. Was ist der Grund für solche gegenseitige Qual? Ist es Unmoral, Sadismus, Freude am Leid des anderen? Und: Wieviel Qual muß ich als Christ eigentlich erleiden, bevor ich mich wehren darf, bevor ich gehen darf?

Die Geschichte der kleinen Sippe Hebräer, die sich um des puren Überlebens willen in Ägypten zur Sklavenarbeit verdingten, erhellt – wenn auch bezogen auf ein »Volk« und nicht nur auf einzelne –, welche Qualen mit Befreiungs- und Ablösungsprozessen verbunden sind. Ägypten, für die Hebräer eine Hölle aus Erniedrigung, Abhängigkeit, Entfremdung, materieller Absicherung auf unterstem Niveau, Sklaverei und Unterdrückung, wird auch für Ägypten zur Hölle, als Mose dem Elend ein Ende machen will:

Unser Gott sagt: Gib mein Volk frei!

Der Pharao reagiert, wie eben Pharaonen reagieren: Wer wagt es, mir Befehle zu geben?

Die Ägypter verschärfen die Arbeitsbedingungen der Hebräer: »Man drücke die Leute mit Arbeit, daß sie zu schaffen haben und sich nicht um falsche Reden kümmern.« So der Pharao zu seinen Ministern.

Die Hebräer spüren den zusätzlichen Druck, geben ihn an Mose und Aaron weiter: Gib nach!

Wir kennen alle den Fortgang dieser Geschichte. Unterdrückung, Totschlag, Drohung, immer wieder neue »Verhandlungen«, zugefügte Plagen – deren Gestalt ähnlich wie die Strafgerichte im Buch der Offenbarung in die Abgründe der Seele blicken läßt: Blut im Wasser, Stechmükken, Frösche, Pest, Blattern, Hagel, Heuschrecken, Finsternis und Tötung der Kinder. Die Herzen bleiben »verstockt«, der Pharao läßt Israel nicht ziehen, die Qualen steigern sich bis zum Auszug, begleitet von Todesengel und Wasserfluten: »...und es war kein Haus, in dem nicht ein Toter war« (2. Mose 12,30).

Ich lese die Geschichte dieses Auszugs, der in der jüdischen und christlichen Tradition als »Befreiung« gefeiert wird, auch als Widerspiegelung dessen, was in Menschen vorgeht, wenn sie »im Bösen« auseinandergehen. Wird der Mensch, in die Enge getrieben und verwundet, zum »Un-Menschen«? Kann der Mensch, der sich ausweglos im Elend sieht, nur noch überleben, indem er andere (mit sich) ins Elend stürzt? Ist das gegenseitige Sich-Quälen in sterbenden Ehen nichts anderes als ein verzweifelter Schrei nach der Gnade der Befreiung? Und welche Rolle spielt Gott in diesem höllischen Szenario?

Vor Trennungen oder Scheidungen wird das gemeinsame Schlafzimmer zum Kriegsschauplatz, das gemeinsame Leben zur Qual. Das Miteinander wird unerträglich. Schon die bloße Anwesenheit des anderen führt zu Schmerzen am Körper, die Nerven sind übersensibel, hilflos ist man diesem Schmerz ausgesetzt. Die Anwesenheit des anderen deckt meine Wunden auf, als ob ein verklebter Verband weggerissen würde und die Wunde neu zu bluten beginnt. Es reicht schon die Anwesenheit, da ist kein vorwurfsvoller Blick nötig, keine Kritik, keine Frage, kein Streit.

Hilflos, in die Enge getrieben, mit bloßen Wunden wehre ich mich, indem ich Auge um Auge, Zahn um Zahn, Schuld um Schuld, Makel um Makel, Versagen um Versagen aufrechne. Dabei muß kein Wort fallen. Diese Qual kann sich in eisigem Schweigen abspielen. Zeichen der Ohnmacht. Sie zerfleischen sich in Gedanken, vernichten sich in Träumen und können das Schweigen dann noch überbieten mit dem nächsten Schlag: »Was willst du denn, ich habe doch überhaupt nichts gesagt!« Ich kann nur überleben auf Kosten des anderen, das ist die Hölle. Den Vorhof dieser Hölle beschreibt jene Frau in ihrem Brief. Jaques Prévert hat ihm eine literarische Gestalt gegeben:

Er goß den Kaffee in die Tasse.
Er goß die Milch in die Kaffeetasse.
Er tat den Zucker in den Milchkaffee.
Mit dem kleinen Löffel rührte er den Kaffee um.
Er trank ihn.
Er stellte die Tasse ab.
Ohne ein Wort.
Er zündete eine Zigarette an.
Er blies die Ringe aus Rauch.
Er streifte die Asche in den Aschenbecher.
Ohne ein Wort.
Ohne einen Blick.
Er setzte den Hut auf.
Er zog den Regenmantel an, denn es regnete.
Er ging.
Ohne ein Wort.
Ohne einen Blick.
Und ich schlug die Hände vors Gesicht und weinte.[13]

Ohne ein Wort. Ohne einen Blick. Alltag in Ehen. Das ist der Vorhof der Hölle, aus der es für den Ohnmächtigen nur »unter Qualen« ein Entrinnen gibt. »Das hast du uns eingebrockt«, sagen die Hebräer zu Mose. »Hättest du stillgehalten! Hättest du es im Guten versucht!« »Lieber zurück zu den Fleischtöpfen Ägyptens«, werden sie ihm später »in der Wüste« immer noch vorwerfen. Trennung ist Qual.

Scheidung führt in die Wüste. Und immer der Rest Unsicherheit in dir selbst: Ist es richtig? Hast du alles versucht? Bist du selbst nicht schuldig? Was bezahle ich für meine »Freiheit«? Wie weit muß ich noch gehen, bis der andere mich losläßt? Was muß ich ihm noch antun, bis er mich freigibt? Gott, mach diesem Gegeneinander ein Ende. Trenne, was nicht mehr zusammengehört. Ich halte dem nicht stand.

Es geht um das Sterben einer Ehe. Trennung und Scheidung ist ein Sterbeprozeß. Ein Sterbender kann nicht »wiedergutmachen«. Ein Sterbender kann beichten, bereuen, klagen. Kann sich aufrichten an der Verheißung, daß nach Auszug und Wüste das »Gelobte Land« wartet. Niemand von denen, die aus Ägypten fliehen, erreicht das Gelobte Land. Selbst Mose nicht. Er darf – welche letzte Qual, welche Tragik und welche grandiose Ehrlichkeit der Bibel – am Horizont das Neue sehen. Über den Fluß darf er nicht.

Es gibt nicht wenige, die mir sagen: »Das hat Gott mir auferlegt. Das muß ich tragen. Gott lädt dir nie mehr auf, als du auch tragen kannst.« Mit dem Joch, mit der Last, der auferlegten Beschwernis meinen sie ihre Ehe. Sie beschreiben die eigene Qual und gehen nicht zum Pharao. Sie werden gequält und dulden. Sie werden benutzt und wehren sich nicht. Die Ehe ist gestorben, aber sie rufen keinen Arzt, der den Tod bescheinigt; keinen Bestatter, der das Äußere regelt; keinen Pfarrer, der beerdigt. Sie tragen mit Geduld an ihrer Qual. Erschrecken über eigene Träume, werden müde und hart. Haben die Pflicht getan – betrogen um ihr Leben.

Viele schütteln den Kopf, wenn sie die Geschichten aus dem »Alten Testament« hören. Blutrünstig, dunkel, überholt durch Jesu Liebesgebot, so urteilen sie. Sie vergessen: Johannes der Täufer und Jesus rufen Menschen zur Umkehr, die noch zur Umkehr fähig sind. Jesus kommt zu den Kranken, die Gesunden bedürfen keines Arztes. Er, der kein Jota an der Weisung Gottes – dem »Gesetz« – ändern will, stellt den Menschen über den Sabbat, die Liebe über die Ordnung, die Vergebung über das Prinzip. »Mein Joch ist sanft, meine Last ist leicht!« (Matthäus 11,30). Die Geschundenen werden ihn verstanden haben. Die Gebeugten folgten der Einladung zum aufrechten Gang. Die »Gesetzestreuen« planten zur selben Zeit, wie sie ihn umbrächten. Nein, wenn Jesus seinen bedrängten, verwundeten und kranken Zeitgenossen etwas verheißt, dann ist es das Ende der Qual. Als er – so erzählt Lukas, der Arzt – zum erstenmal in der Synagoge am Sabbat das Ehrenamt des Vorlesens übertragen bekommt, »da gab man ihm das Buch des Propheten Jesaja. Und er schlug das Buch auf und fand die Stelle, wo geschrieben war: »Der Geist des Herrn ist auf mir, weil er mich gesalbt hat, den Armen das Evangelium zu verkündigen; er hat mich gesandt, den Gefangenen zu predigen, daß sie frei sein sollen, und den Blinden, daß sie sehen sollen, und den Zerschlagenen, daß sie frei und los sein sollen.‹ Und er rollte das Buch zusammen, gab es dem Diener und setzte sich. Und alle in der Synagoge richteten ihre Augen auf ihn. Und als er zu reden anfing, sagte er ihnen: Vor euren Ohren sind heute diese Worte der Schrift erfüllt« (Lukas 4).

Den Anspruch dieser »Antrittspredigt« – wegen der man ihn damals fast totgeschlagen hätte – gibt er nie auf. Er kennt die Dämonen, weiß um das Unheil, wird versucht »in der Wüste«, sucht die Nähe der Versager. Wie kann man in seinem Namen Gequälte ausgrenzen, angesichts ihres Elends schweigen und sie mit zusätzlichen Qualen belasten? Wer gibt Menschen das Recht, in seinem Namen einen Teil der Gescheiterten von der heilenden Kraft seines Geistes auszuschließen? Wer gibt Menschen das Recht, im Namen des Mannes aus Nazareth Geschiedene von seinem Mahl auszuladen?

Jesus hat »entlassene« Frauen, denen nichts als »Straße« und Prostitution blieb, Verschwender und Bettler, Betrüger und Geschädigte mit einer Selbstverständlichkeit an seinen Tisch geladen, die ihn nach den Evangelien schließlich selbst ans Kreuz brachte.

Eine Kirche, die die Qual der Menschen in sterbenden Ehen nicht sieht, die nicht ohne Ansehen der Herkunft oder Vergangenheit den Kranken so lange pflegt, bis er wieder auf eigenen Füßen stehen kann, wird selbst zum Ort der Qual. Gott will uns nicht erst im Staub, er möchte uns an seinem Tisch – neben sich.

»Wenn jemand meine Stimme hört und die Tür öffnet, werde ich zu ihm hineingehen und das Mahl mit ihm halten und er mit mir« (Offenbarung 3,20).

Streiten

»Und warum haben Sie sich damals nicht gewehrt?«
»Ganz einfach, er hat mich in der Hand gehabt.«

Sie sitzt mir gegenüber am Tisch. Wir kennen uns schon länger. Sie ist Anfang vierzig, eine dynamische, entschlossene, robuste Frau. Seit knapp fünf Jahren Geschäftsführerin eines mittelständischen Betriebes. Die beiden Kinder sind um die zwanzig, führen ihr Leben längst in eigener Regie. Eher zufällig sind wir ins Gespräch gekommen, jedenfalls nicht geplant und erst recht nicht in »seelsorgerlicher« Absicht. Sie macht nicht den Eindruck, als ob sie einen Rat bräuchte. Sie meistert ihr Leben, alles andere als scheues Reh oder zartes Pflänzchen. Das geht auch gar nicht in ihrem Beruf.

»Ich kann mir das gar nicht vorstellen. Sie machen auf mich einen so entschlossenen, starken Eindruck.«

Sie rückt etwas ab vom Tisch, schlägt die Beine übereinander, hat den Kugelschreiber aus der Hand gelegt und die Arme vor der Brust verschränkt. Bin ich ihr zu nahe gekommen? Macht sie zu? Sie lacht eine Spur zu laut: »Das sagen viele.«

Sie ist zum zweitenmal verheiratet. Ich kenne den Mann von wenigen kurzen Begegnungen. Wir haben nie über ihre Scheidung gesprochen. Es gab auch im Miteinander nie einen Anlaß, keine Notwendigkeit.

»Haben Sie eigentlich streiten können damals?« Ich weiß nicht, wie ich auf diese vollkommen deplazierte und unsensible Frage komme. Sie lag mir auf der Zunge. Und nun habe ich gefragt: »Haben Sie eigentlich damals streiten können?« Ich weiß nicht warum, aber sie geht auf die Frage ein, rückt wieder näher an den Tisch, beugt sich etwas vor, nimmt den Kugelschreiber wieder in die Hand, spielt gedankenverloren damit und schaut mich dann geradeheraus an: »Er wußte genau, wie er mich unter Druck setzen kann. Wenn ich reden wollte – ›streiten‹, wie Sie sagen –, dann sagte er entweder: ›Hör' auf mit deinem psychologischen Dreck!‹ Oder er ist einfach abgehauen, auf den Balkon, in den Garten. Manchmal ist er ins Auto gestiegen, wortlos. Mit heulendem Motor und quietschenden Reifen.«

»Sie sagen, er hat Sie in der Hand gehabt?«

»Ja, er hat genau gewußt, wie er mich kleinkriegt. Er hat meinen Schwachpunkt gekannt, die Kinder. Wenn wir gestritten haben, hat er seine Aggression an denen ausgelassen. Hat sie angeschrieen, geschlagen, schikaniert. Und ich habe nachgegeben.«

Schweigen.

»Die Kinder sind auch heute noch mein wunder Punkt.«

»Und Ihr jetziger Mann weiß das.«

»Ja, wir können ganz anders damit umgehen. Wir reden eigentlich über alles. Und wenn wir streiten, dann weiß jeder, es geht um ›Sachfragen‹, um unterschiedliche Meinungen, aber nicht ums Prinzip.«

Wie auch immer, sie haben ihren Weg gefunden. Ich hätte gern noch mehr erfahren. Das Telefon kam dazwischen. Und es ist auch gut, wenn Schutzzonen bleiben, Tische zwischen Gesprächspartnern, eine Unterbrechung, ein nicht wieder aufgenommener Gesprächsfaden. Vielleicht ein andermal. Jetzt nicht.

Das Problem beim Streiten scheint dies zu sein, daß es so selten die gleiche Ausgangslage gibt – es wird nicht mit gleichen Waffen gefochten. Es gibt keine Regeln. Wenn es um entscheidende Fragen geht, tritt keiner dazwischen. Einer flieht, ein anderer schlägt, ein dritter droht mit Selbstmord. Andere schweigen bis zum Magengeschwür, beherrschen sich bis zum Herzinfarkt, geben nach bis zum Persönlichkeitsverlust oder wälzen sich in endlosen, blutigen, eingefahrenen Schlachten.

Wie unterscheide ich die Finte vom Schlag? Die tränenreichsten Geständnisse – pure Taktik. Der laute Schrei – Zeichen ehrlicher Nähe. Wer weiß? Und wer will verantwortlich sein für das eine Wort zuviel, für den einen Tropfen, der das Faß zum Überlaufen bringt? Wieviel erträgt der andere noch, und wann »rastet er aus«?

Was kann ein Pfarrer über die aus der Pädagogik und Psychologie erwachsenen »Streit-Übungen« hinaus Hilfreiches beitragen? Sicherlich zuerst einmal die lapidare, aber längst nicht allgemein anerkannte Wahrheit, daß Streit nicht nur erlaubt, sondern sogar geboten ist. Streitbarkeit ist durchaus eine christliche Tugend. Die Bibel macht dies schon am hebräischen Wort für »streiten« deutlich, es heißt nämlich gleichzeitig auch »schlichten« und »richten«. Die ganze Dynamik eines kontroversen Miteinanders und Auseinanders spiegelt sich in einem Begriff. Gott fordert die Seinen geradezu zum Streit heraus.

Der junge Prophet Jeremia dreht und windet sich. Er meint, dem Streit nicht gewachsen zu sein. Gott wischt alle seine Einwände weg: Nun gürte dich, brich auf und rede zu ihnen, was ich dir geboten habe. Erschrick nicht vor ihnen, damit ich dich nicht in Schrecken versetze vor ihnen. Und wenn sie gegen dich streiten – ich bin auf deiner Seite. Ich lese daraus: Dem Konflikt kannst du nicht entgehen. Nun trage ihn aus, sonst verfolgt er dich.

Ein anderer Prophet, Jona, versucht auf seine Weise vor dem Konflikt zu fliehen, übers Meer, einfach weit weg. Davonlaufen, den Streit meiden, der unangenehmen Auseinandersetzung einfach aus dem Weg gehen. Aber der Konflikt holt ihn ein, verschlingt ihn in Meereswogen, die Flucht scheint tödlich zu enden, zieht ihn ins Dunkel eines Fischbauches und wirft ihn nach drei Tagen äußerst unsanft genau dorthin, wo er »sich stellen« muß.

Beim schöpferischen Streit, bei dem Streit, »der sein muß«, wenn es überhaupt weitergehen soll, kann es nicht »um Kaisers Bart« oder den »Schatten des Esels« gehen, sondern um die wesentlichen Lebensfragen. Es gibt nichts, um das in der Bibel nicht gestritten wird: um den rechten Glauben und die Abhängigkeit von falschen Göttern natürlich auch. Aber ebenso um fruchtbares Land, um die Wiedergutmachung von Schaden, um Erbangelegenheiten, um guten Ruf und Rufmord, um den Umgang mit Fremden und die Hierarchie unter den Jüngern, um Weideland, Brunnenrechte und Steuern für die Besatzungsmacht, um Militärdienst und Freilassung von Sklaven, um die Rolle der Frau und um die Außenpolitik, um das Verhalten am Sabbat und den Umgang mit Halsabschneidern. Nichts von dem für die damalige Zeit Lebenswichtigen bleibt ausgespart. Man kann fast behaupten: Israel entwickelt eine ganz ausgeprägte Streitkultur, die allerdings spätestens dann nicht mehr genehm war, als der christliche Glaube zur Staatsreligion erhoben war und zweckdienlich die Staatsbürgermoral römischer Bürger stärken sollte.

Ein geradezu »klassisches« Beispiel solcher Streitkultur begegnet mir in 1. Mose 26. Es geht um die Rechte an einem Brunnen, um »lebendiges Wasser«. Und wenn man in einem Text über die Nomadenzeit von Wasser liest, weiß man, es geht um Leben. Wasser in der Wüste oder am Rand der Wüste ist die entscheidende Voraussetzung des Lebens,

Grundlage der Freiheit. Nomaden wandern mit dem Regen. Kennen – übrigens bis heute, was uns Europäern einfach nicht einsichtig zu machen ist – keine »unnatürlichen« Grenzen. Ohne Wasser muß man sich versklaven oder sterben. Wer um Wasser streitet, streitet um seine Existenz.

Einiges ist dem Konflikt schon vorausgegangen, er hat wie jeder Streit eine Geschichte. Da wurde fremdes Land besetzt, Brunnen übernommen, später zugeschüttet. Jedenfalls entbrennt der Streit zwischen Isaaks Leuten und den Hirten von Gerar. Isaaks Hirten haben auf dem Territorium der Hirten von Gerar einen Brunnen gegraben und sind auf »lebendiges Wasser« gestoßen. »Das ist unser Wasser«, sagen die einen. »Wir haben den Brunnen gegraben«, sagen die anderen. Wenn es ums Überleben geht, ist dies leicht Anlaß zu einem tödlichen Streit. Nun aber das, was ich »Streitkultur« nenne:

Der Brunnen ist umstritten. Man gibt ihm einen Namen, »Esek« (Streit). Und läßt es nicht dabei. Sie graben einen zweiten Brunnen. Auch über diesen können sie sich nicht einigen. Auch er erhält einen Namen: »Sitna« (Anfeindung). Nichts hat sich geändert. Interesse steht gegen Interesse, Leben gegen Leben. Sie graben weiter, einen dritten Brunnen. Vom ihm heißt es schließlich: Um den stritten sie nicht mehr. Nun gab es offensichtlich genügend Brunnen und damit lebendiges Wasser für alle. Leben war für beide Seiten gesichert, an unterschiedlichen Brunnen Auch der dritte Brunnen erhält einen Namen. Allerdings nicht, wie man vermuten könnte, »Frieden« oder »Einigung«. Der dritte Brunnen heißt »Rechoboth« (Weiter Raum). Muß man dem noch viel hinzufügen? Beide Parteien streiten, und es geht dabei um alles. Da gibt es keine vordergründige Harmonisierung. Da gibt es auch keine Unterwerfung des einen unter den anderen. Da weiß einer vom anderen, es geht um Tod und Leben. Da wird ein Brunnen gegraben –

sie streiten. Da wird ein zweiter Brunnen gegraben – sie bleiben Feinde. Beim dritten Brunnen endlich finden beide die Weite, in der sie atmen und leben können. Nicht eben nur das, was gerade zum Überleben reicht. Sondern »weiten Raum«.

Dabei erinnere ich mich an Psalm 31. Es gibt kaum einen Psalm, in dem so deutlich von Lebensbedrohung, von Feinden, von der Aussichtslosigkeit die Rede ist: »Meine Knochen sind verschmachtet, meine Augen sind blind, Seele und Leib sind müde, die Verfolger lachen, den Nachbarn bin ich eine Last, ich bin ein Scherbenhaufen...« Mitten in diesem Elend der Aufschrei der Hoffnung: »Du stellst meine Füße auf weiten Raum!« Wer immer es erlebt hat, daß er sich kaum noch regen konnte; wer immer keinen Ausweg mehr gesehen und am Boden zerstört war, wird die ungeheure, trotzige Kraft dieser Worte verstehen: Du stellst meine Füße auf weiten Raum. Jetzt kann ich mich wieder bewegen. Jetzt erst kann ich wirklich wieder entscheiden, wohin ich will und wer ich bleiben oder werden möchte. Du, Gott, stellst mich sozusagen auf einen Berg »mit Aussicht«. Ich kann mich entscheiden. Ich kann gehen oder bleiben, kann streiten ohne Angst ums Leben. An diesem Brunnen kann ich bleiben und nachdenken, sortieren und korrigieren. Ich habe den Rücken frei, vor mir die Weite.

Wenn wir diese Streitkultur übertragen könnten – vieles, wenn nicht alles wäre gewonnen. Jeder weiß, dem anderen geht es um sein Leben. Nun nicht versklaven. Nun nicht die letzten Trümpfe ausspielen (»Wenn du mich verläßt, bringe ich mich um!«). Nun »streiten«. Einen zweiten Brunnen graben. Das kostet Schweiß und garantiert noch lange keinen Erfolg. Vielleicht einen dritten, vierten Brunnen graben – so lange graben, bis beide Land sehen, »weites Land«. In der Welt der »Sieger« ist das ein ganz neues Streitgefühl. *Ich* streite nicht, um zu *siegen*. *Wir* streiten, um zu *leben*. Bis wir den Brunnen gefunden haben, dem beide den Namen »Weiter Raum« geben.

Und Gott? Gott ergreift für keinen Partei, der Wasserrechte verbriefen möchte gegen andere. Gott ergreift Partei für die Lebensfähigkeit beider Streithähne. Wird deshalb auch »parteilich«, wenn einer dem anderen mit dem Tod droht, das Leben beschneidet oder den Streit mit Gewalt beenden will. Nicht das »Dulden um jeden Preis«, das »Nachgeben« und »Verzichten« an sich ist eine christliche Tugend. Es geht immer um die Lebensfähigkeit, um das »lebendige Wasser« – um den weiten Raum. Das ist wohl die Kunst, die es zu lernen – und nach Scheidungen – in neuen Beziehungen zu üben gilt: Bei allen Meinungsverschiedenheiten darf ich nie dem anderen »das Wasser abgraben«. Das endet tödlich, auch wenn ich »siege«. Es nützt auch kein Davonlaufen, der Konflikt holt mich immer ein, ich nehme ihn ja mit mir. Ich muß mich dem Streit stellen.

Im Zusammenhang mit Konflikt und Streit reden wir gerne von »losbrechen« und »entfesseln«. Wenn ich es richtig verstehe, dann ist die Verstrickung mit anderen nicht zu »lösen«, nur mit ihnen gemeinsam zu kontrollieren, in einzelnen Punkten zu entflechten. Wie wir oben am Beispiel des Lebenswassers aus dem Brunnen sahen, ist es durchaus möglich, das gewalttätige Potential in mir, das ja für mein Überleben nicht unwichtig ist, zu kontrollieren: Die Hirten Gerars und die Hirten Isaaks schlagen sich nicht gegenseitig die Schädel ein, sondern graben Brunnen. Gewaltlosigkeit beim Streit löscht nicht die Aggression, sie kontrolliert sie und setzt sie verantwortlich ein, damit die Beteiligten leben und frei entscheiden können.

Die bekannteste Geschichte in den Evangelien, die diesen Prozeß verdeutlich, steht in Johannes 8: Männer zerren eine »auf frischer Tat beim Ehebruch ergriffene Frau« –

welch gewalttätige Sprache! – in die Öffentlichkeit vor den Tempel und konfrontieren dort Jesus mit der Frage: »Nach dem Gesetz ist diese Frau zu steinigen. Was sagst du dazu?«

Was anderes sind Steine als die mörderischen Waffen selbst verstrickter Menschen, Teile ihrer Mauern und Fundamente? Weit davon entfernt, Ehebruch gutzuheißen, bringt Jesus die gesamte Problematik auf den eigentlichen Punkt, die »Verstrickung« jedes Menschen: »Wer unter euch ohne Sünde (lies: Verstrickung, Verirrung, Unrecht, Vergehen, Untat, Abwegigkeit, falsche Bindung, Haltlosigkeit, Gottlosigkeit...) ist, werfe den ersten Stein.« Wer wirklich frei ist, dürfte auch werfen. Aber wer wirklich frei ist, hat auch keine Steine mehr zur Hand. So ergreift Jesus nicht Partei für die »Sünde«, auch nicht allein für die »Sünderin«, sondern für alle Beteiligten in ihrer jeweiligen Verstrickung.

Sünde ist Bindung an ein anderes »imperium«, ist Knechtschaft, Abhängigkeit, Verstrickung. In diesem »imperium« herrscht die Gewalt. Streit zielt auf Sieg und Unterwerfung. Im »weiten Raum« ist die Gewalt unter Kontrolle, Streit wird schöpferisch und zielt auf Leben.

Urteilen

»Der Antragsgegner wird im Wege des Anerkenntnisverfahrens verurteilt, an die Antragstellerin ab Rechtskraft der Scheidung einen laufenden, monatlich jeweils spätestens bis zum 3. Werktag eines jeden Monats im voraus fälligen Unterhalt in Höhe von 1425,00 DM (i. W. – eintausendvierhundertundfünfundzwanzig Deutsche Mark –) zu bezahlen ...«

So zu lesen mit variablen Beträgen – je nach Einkommen, Vermögen, Kinderzahl, anwaltlicher Cleverness und Verschleierungsgeschick des Unterhaltschuldners – in jährlich etwa 150000 Urteilen in der Familiensache N. N. gegen N. N. Rentenkonten werden ausgeglichen, der Hausrat aufgeteilt, das Sorgerecht für Kinder geregelt, die Zukunft von Hunden, Kanarienvögeln und Gemäldesammlungen bestimmt. Da wird auf Schriftsätze verwiesen, Kostenfestsetzungsanträge gestellt, Klagen werden eingereicht und abgewiesen, Versicherungsverläufe werden durch die Ermittlung von Entgeltpunkten für den Versorgungsausgleich und Rentenfaktoren berechnet, Gutachter zur Ermittlung des jährlichen Durchschnittseinkommens bestellt.

Im Vergleich nur wenige Zeilen nimmt zumeist die Begründung der Ehescheidung aus:

Die Ehefrau beantragt:

Die am 23. 07. 1990 unter laufender Nr.... vor dem Standesbeamten in H. geschlossene Ehe der Parteien wird geschieden.

Der Ehemann stimmt dem Scheidungsbegehren zu.

Die Ehe der Parteien war gemäß § 1565 Abs. 1 BGB zu scheiden, da sie gescheitert ist. Nach den übereinstimmenden Angaben beider Parteien leben diese seit November 1993 ständig voneinander getrennt. Eine eheliche Lebensgemeinschaft besteht somit seit diesem Zeitpunkt nicht mehr. Beide Parteien wollen die Ehe nicht mehr fortsetzen. Bei dieser Sachlage war davon auszugehen, daß bei beiden Parteien der Wille zur Fortführung der Ehe und das Gefühl ehelicher Verbundenheit erloschen sind und diese sich auch in Zukunft nicht wieder einstellen werden.

Die Ehe der Parteien war somit als gescheitert anzusehen und zu scheiden.

Man sollte sich nicht der Illusion hingeben, dies sei nun eine besonders persönliche Formulierung, aus der man auf das Scheitern einer bestimmten Ehe schließen könnte. Diese Worte sind nichts als ein »Textbaustein«, zigtausendmal jährlich diktiert oder eingefügt in Urteile, die anders gar nicht möglich sind. Der Gesetzgeber selbst hat für die Justiz das Problem der Scheidung durch die Formalisierung auf das »Trennungsjahr« aus der Welt geschafft. Richter und Anwälte können sich mit Gelingen und Mißlingen einer Ehe nicht auseinandersetzen, haben weder die Zeit noch die Qualifikation, zu ermessen oder zu ergründen, was hinter diesen Worten steckt: »Die Ehe der Parteien war somit als gescheitert anzusehen und zu scheiden.« Die Scheidung als solche gerät aus dem Blickfeld, es geht um die »Folgesachen«, um Vermögensverteilung, um die Verhinderung von sozialem Unrecht, um die Gewähr dafür, daß beide »Parteien« nach der Scheidung »wirtschaftsfähig« bleiben, Mieten und Schulden bezahlen, eben wirtschaftlich und finanziell auf eigenen Beinen stehen können. Es geht längst nicht mehr um das Entstehen oder um die Bewältigung von Schuld. Es kann nicht um den Prozeß des Scheiterns gehen, nur um die Feststellung des Scheiterns. »Es geht nicht um Wahrheit, sondern um das Recht«, sagt mir ein Richter. Und ein befreundeter Anwalt ergänzt: »Beide sollen einigermaßen heil aus der

Sache herauskommen. Und das ist in erster Linie eine ganz materielle Angelegenheit. Es geht ums Geld. Nur wenn Kinder da sind, wird es schwieriger. Aber das Sorgerecht für die Kinder ist meist schnell geregelt, wenn sie nicht als Druckmittel für die wirtschaftlichen Probleme mißbraucht werden. Um das Geld streiten wir manchmal Monate und Jahre. Und in der Regel sind danach alle fix und fertig.«

Kann man überhaupt um Kinder streiten wie um Katzen, Wertpapiere und Rentenansprüche? Ich habe mich beim Studium von Scheidungsakten gefragt, nach welchen Kriterien ein Richter beurteilt, bei wem der Hund oder die Schallplattensammlung oder die handgeschnitzte Weihnachtskrippe bleibt. Richter sind überfordert, Anwälte lesen die Akten während der Autofahrt oder beim zweiten Frühstück. Entsprechend sehen die Urteile aus: Dokumente der Entfremdung, oberflächliche Versuche, sachlich zu ordnen, was emotional in Unordnung geraten ist.

Ein gänzlich anderes Bild von den Aufgaben eines Richters, vom Richten und Urteilen, bietet das Alte Testament.

Israel ist frei. Die Knechtschaft hat ein Ende. Mit der Befreiung beginnt der Alltag »in der Wüste«. Mit vornehmer Reserviertheit, aus interessierter Distanz beobachtet Jitro, Moses Schwiegervater, wie sich dieser Alltag entwickelt: Vom frühen Morgen bis zum späten Abend kommen Israeliten mit großen und kleinen Klagen zu Mose und erwarten, daß er »zwischen ihnen richtet«. Am Abend setzt sich Jitro zu Mose: »Das hältst du nicht durch. Das schafft ein einzelner nicht. Du wirst müde – und das Volk ebenfalls.« »Und?« »Laß dir Folgendes raten: Kümmere dich um das Wichtige. Es ist wichtig, daß das Volk einen hat, der es vertritt – vor Gott. Es ist wichtig, daß Gott jemanden hat, der seine Weisungen so übersetzt, daß die Menschen verstehen und entsprechend leben können. Aber kümmere dich nicht auch noch um blaue Flecken, ausgeschlagene Zähne und gekränkte Familienväter. Du wirst tüchtige und unbestechliche Leute finden. Setze sie als ›Richter‹ ein über Tausend, über Hundert, über Fünfzig oder Zehn. Delegiere! Gib anderen ab von deiner Last. Kümmere dich nur noch um die wesentlichen Fragen. Das reicht. Und wenn ihr miteinander versucht, Gottes Willen auszurichten, dann kommt dies allen zugute.« [14]

Richten heißt hier nicht nur, irgendwelche Tatbestände sichten, an bestehenden Gesetzen die Rechtslage überprüfen und danach urteilen oder verurteilen. Richten ist der andauernde Prozeß des Ausrichtens, Ins-Lot-Bringens, Aufrichtens. Der hebräische »Richter« versucht, die gestörte Ordnung Gottes wiederherzustellen. Er schiebt sich als dritter zwischen die Beteiligten und versucht, durch Gespräch und Verhandlung beide »Parteien« (wörtlich: Getrennte, Teile) soweit zu bringen, daß sie nebeneinander, miteinander oder auseinander leben können. Seine Anstrengung gilt nicht nur der Beseitigung der »Störfaktoren« (das kann u. U. auch die Ausstoßung einzelner aus der Gesellschaft bedeuten), sondern auch der stetigen Erinnerung an den Schalom Gottes.

Ziel des alten jüdischen »Prozesses« ist also die Wiederherstellung der guten Schöpfungsordnung Gottes. Geschöpf und Mitgeschöpf leben in Eintracht nach dem Willen Gottes, in einer dynamischen Harmonie, die Veränderungen immer mit einschließt und bestrebt ist, Leben zu ermöglichen, zu fördern und zu bewahren. Mensch und Mitmensch können sich wieder in die Augen schauen, gegebenenfalls über Grenzen hinweg.

Das Alte Testament weiß, daß es im Leben eines Menschen oder einer Gemeinschaft mit einem einmaligen Richten, Ausrichten, Zu-Recht-Bringen und Aufrichten nicht getan ist. Immer wieder werden Menschen schuldig, scheitern an der guten Weisung Gottes. »Richten« hat deshalb gleichzeitig auch die Bedeutung von »Regieren« und »Helfen«. Was in unserer Demokratie auf ganz unterschiedliche Instanzen verteilt ist – Justiz, Regierungen, Sozialdienste –, hier ist es in einem Amt zusammengefaßt. Einer ist damit überfordert.

Richter in unserem Land sprechen Recht »im Namen des Volkes«, haben sicherlich auch hohe Ansprüche an ihr Amt, haben Ziele, ähnlich wie die Richter im Alten Testament: Leben ermöglichen, Streit schlichten, Recht sprechen. Aber sie werden sich dagegen wehren, gleichzeitig auch noch Sozialarbeiter, Krankenschwester, Therapeut, Lehrerin und Bürgermeister zu sein. Obwohl, und das wird bei jeder Scheidung deutlich, eigentlich alle diese Ebenen eines Konfliktes geklärt sein müssen, wenn am Ende des »Prozesses« Leben für jeden der Beteiligten möglich sein soll.

Auch das deutsche Wort »urteilen« hat eine tiefere Bedeutung. Wer »ur-teilt«, teilt ein Durcheinander, ein Chaos, ein verwirrtes Konfliktknäuel in seine »ur-sprünglichen« Teile. Ein Streit wird »elementarisiert«. Urteilen bedeutet nicht mehr und nicht weniger, als in einem Streitfall die Elemente wiederherzustellen, die lebensfähig sind. Wer in diesem Sinn urteilt, kann nicht Recht sprechen auf Kosten der Schwächeren, kann nicht Parteigänger eines einzelnen »Elementes« sein, sondern muß die Lebensfähigkeit aller Beteiligten im Blick haben. Wer in diesem Sinn urteilt, kann auch nicht absehen von allen sozialen, therapeutischen oder emotionalen Gesichtspunkten. Wer die Lebensversicherung bekommt, wer das Sparbuch und wer die Stereoanlage, das ist nur ein (für die eigentliche »Scheidung« oft nebensächlicher) Aspekt des »Ur-teils«. Eine Reihe anderer Recht-Sprechungen gehört dazu, damit die Ur-Teile nach der Trennung wieder als einzelne lebensfähig, lebenswillig, vielleicht sogar lebensfroh sind.

»Ver-Urteilungen« sind angesichts der Vielschichtigkeit einer Scheidung fehl am Platz. Sie schüren Haß, schaffen neue Abhängigkeiten und erinnern an eine Sprache, die das Scheitern einer Ehe zu einer strafbaren Handlung macht. Verurteilungen teilen in Gewinner und Verlierer, schaffen damit neue Konflikte, lösen nicht die Verwicklungen, sondern schlagen ungeduldig mit dem Schwert durch ein Knäuel. Verurteilungen haben nicht das Leben im Blick, sondern die Habe.

Wissen, nachtragen, begraben

Sind Scheidungs»prozesse« manchmal deshalb so schwierig, weil einer den anderen sogar weit über den Scheidungstermin hinaus in der Hand hat? Sicherlich, nur kranke und verzweifelte Menschen »erpressen«. Aber sind nicht alle Geschiedenen verletzt? Müssen sie nicht langsam »herauswachsen« aus der alten Beziehung, erwachsen werden, sich »emanzipieren« (wörtl.: aus eines anderen Hand herausnehmen)?

Nach Gesprächen mit Anwälten und vielen Betroffenen weiß ich, daß »Erpressung« bei Scheidungsverfahren kein seltenes, sondern ein eher häufiges Phänomen ist. Kinder und das Sorgerecht können Objekte solcher Erpressungsversuche sein, der Verzicht auf Wertgegenstände, ja überhaupt die Zustimmung zu einer Scheidung wird »ausgehandelt«. Aber wie geht es mir danach? Kann ich davon ausgehen, daß mein früherer Partner sich als erwachsener Mensch verhält? Und wie stabil oder anfällig bin ich selbst in dieser Frage? Wer heiratet, begibt sich – und er tut das gerne und berechtigt – weitgehend in die Hand eines anderen Menschen. Bleibt er nach gestorbener Ehe und nach der Scheidung diesem dann doch für immer ausgeliefert? Ich bin unsicher, es gibt doch keinen oder kaum einen Menschen, der so viel weiß über mich.

Selbst Jahre nach der Scheidung hat sich meist an der Gestalt der Beziehung wenig geändert. Wo sie früher in ihm den Vater gesucht hat, bekämpft sie heute noch das Vaterbild. Wo er Angst vor sexuellem Versagen hatte, ist und bleibt sie eine Hure. Auf die gescheiterte Ehe angesprochen, reagieren Geschiedene immer noch mit Anklagen und Rechtfertigungen, oft mit einer – für Unbeteiligte kaum verständlichen – überhaupt nicht problematisierten Selbstgerechtigkeit: »Ich will Ihnen einmal die Augen öffnen über seinen miesen Charakter. Das weiß keiner, weil er nach außen immer ganz anders tut. Er war schon immer ein notorischer Lügner. Selbst die eigene Mutter hat mich vor ihm gewarnt. Sie hat ja ähnliches mit seinem Vater durchgemacht. Glauben Sie mir, ich bin froh, daß ich den Kerl los bin. Seine Mutter hat er auch auf dem Gewissen, das weiß die ganze Verwandtschaft. In Geldfragen ist der nicht zurechnungsfähig. Aber so was habe ich bei der Scheidung gar nicht gesagt. Der Richter hätte mir eh nicht geglaubt, und mein Anwalt war froh, als ich ihm nicht mehr auf die Nerven ging. ... ich bin froh, daß ich den Kerl los bin.«

Nein, ich glaube es ihr nicht. Sie ist ihn auch nicht wirklich los. Sie hat das alte Bild im Innern bewahrt, eigentlich ständig präsent, um sich selbst schützen zu können. Sie muß sich nicht mit sich selbst »auseinander«setzen. Aber, und das ist die Kehrseite der Medaille: Sie kommt damit nicht von der Stelle.

Ein Mann kämpft selbst noch in der zweiten Ehe gegen die Tränen der Mutter oder der ersten Frau. Und eine Frau spielt ihre Emanzipiertheit und rennt auf der Suche nach Bestätigung von einer Autorität zur anderen.

Vor allem in Ehen, die nach der Scheidung durch das Besuchsrecht bei den Kindern eine eigenartige Fortsetzung finden, ist die innere Verkrampftheit kaum aufgebrochen:

»Ich zucke zusammen, wenn er anruft. Ich zittere, wenn er an der Tür klingelt, um Alexander zu holen. Ich kenne ihn doch. Und wenn Alexander zurück ist, verschwindet er auch gleich in seinem Zimmer und will für eine Weile nichts mit mir zu tun haben. Was erzählt er ihm denn? Macht er mich fertig vor ihm? Macht er mich lächerlich? Was weiß Alexander schon alles? Mit seinen 13 Jahren merkt der doch, was läuft. Wissen Sie, ich war vor der Schwangerschaft schon in psychiatrischer Behandlung. Später habe ich das immer wieder zu hören gekriegt. Und schlafen konnte ich nach der Geburt auch nicht mehr mit ihm. Einmal kam er dazu, wie ich im Wickelzimmer Alex an seinem Penis streichelte. Er hat nur geschaut, genickt, hat die Tür zugehauen und kein Wort darüber geredet. Auch während der Scheidung nicht. Auch nicht, als es ums Sorgerecht ging. Bis heute nicht. Aber was macht er jetzt?«

Josef, aus Neid um die besondere väterliche Gunst von den eigenen Brüdern mißhandelter und nach Ägypten verkaufter Sohn Jakobs, macht als Traumdeuter, als Wirtschaftsminister und Kanzler in Ägypten eine erstaunliche Karriere. Er zählt dort zu den angesehensten und einflußreichsten Persönlichkeiten. Und doch steuert die Josefsgeschichte, eine der grandiosesten Erzählungen der antiken Literatur, zielstrebig auf eines zu, auf die Begegnung mit seinen Brüdern, die ihn damals verkauft und gegenüber dem Vater für tot erklärt hatten. Die Brüder erkennen ihn nicht, haben andere Probleme, Hunger herrscht im Land, und Jakob hat sie geschickt, Getreide in Ägypten zu holen. Josef erkennt sie sofort. Die Brüder sind ahnungslos.

Als diese, beladen mit Getreidesäcken, wieder in die Heimat zu ihrem Vater Jakob aufbrechen, läßt Josef ihnen in die Getreidesäcke (ihr eigenes) Geld und einen silbernen Becher stecken, Zeichen ihrer Schuld. Unsichtbar für sie trägt er ihnen die Schuld nach und läßt sie überführen.

Am Ende eines dramaturgisch nicht zu überbietenden Spiels mit verdeckten Karten – tauschen, verraten, verkaufen, verkauft werden, verlassen, verlassen werden, fürchten und schrecken in mehreren Variationen – offenbart sich Josef unter Tränen seinen Brüdern. Schickt mit lauter Stimme alle weg, die das Folgende nichts angeht, »und weinte laut, so daß es die Ägypter und das ganze Haus des

Pharao hörten« (1. Mose 45,2). Die Wunde bricht auf. Lange hat er nachgetragen, jetzt liegt das Schuldpaket offen auf dem Tisch. Die Brüder sind zu Tode erschrocken: Er weiß alles. Er hat nichts vergessen. Nun ist er dabei, sich zu rächen.

Aber nachdem alles »heraus« ist, ist Leben möglich. Die sieben fetten Jahre und die sieben mageren Jahre, die Schuld der Brüder, die Wege und Umwege – alles hatte seinen Sinn. »Lebt mein Vater Jakob noch?« Ja, er lebt noch. Es ist, als ob die Zeit stillgestanden hätte trotz all der vergangenen Jahre. Alles, was geschah, war zum Heil. Nicht ihr, Gott hat mich hierhergesandt. Es war sein Plan. »Gott hatte Gutes vor – Leben erhalten« (1. Mose 50,20). Das Vergangene ist vergegenwärtigt, damit es begraben werden kann. Die Tür zum Leben öffnet sich.

Diese gewaltige Familiengeschichte macht deutlich, wie viele Anläufe es braucht, bis das Wissen um Fehler, Versagen und Schuld nicht mehr nachgetragen werden muß. Es ist natürlich verständlich, daß ich gerne wie mit einem Schnitt bei der Scheidung alles los wäre, was unangenehme Gefühle hervorruft. Aber es ist ja nicht der frühere Partner, der mir alles »nachträgt«, es bin ja ich selbst, der mit sich selber noch nicht eins ist. Und wie das Unbewußte durch Träume uns zur Umkehr bewegen möchte, so wird die »üble Nachrede«, das »Nachtragen« des früheren Partners mich so lange verfolgen, bis ich mich der Nachrede stelle und mir selbst ehrlich ins Gesicht schaue.

Da nützt auch die Rückversicherung bei Freunden nichts: »Die will mich nur fertigmachen. Sie ist neidisch auf meine neue Beziehung. Sie kann immer noch nicht begreifen, daß ich nichts mehr mit ihr zu tun haben will...« In der Regel werden Freunde meine Gefühle bestätigen, sie wollen sich ja auch die Freundschaft nicht verderben, wollen mir nicht zu nahe treten. Aber es geschieht schließlich ja nichts anderes, als daß ich sorgsam darauf bedacht sein muß, bei all denen, die mir wichtig sind, ein mieses Bild meines früheren Partners zu erhalten. Eine Verfolgungssituation setzt sich auf die andere.

Manche stellen sich nie. Sie werden schwer krank. Kränken sich zu Tode. In schlimmsten Fällen versuchen sie durch Verzweiflungstaten (Mord an früherer Ehefrau, deren neuem Partner und der gemeinsamen Tochter) auszulöschen, was nicht ausgelöscht werden kann.

Was wir uns gegenseitig als »böse Bilder« nachtragen, sind tatsächlich Anteile unser selbst. Die Verfolgung wird aufhören, wenn wir vor uns selbst nicht mehr davonlaufen. »Ja, das war ich einmal. Sie sieht es vielleicht aus ihrer Sicht noch schlimmer, als es tatsächlich war; aber an dem, was passiert ist, war ich nicht unbeteiligt. Das ist meine Geschichte.« Ich kann zulassen, daß ich einmal so war. »Ja, ich habe den Bruder in den Brunnen geworfen. Ich habe ihn verkauft. Ich habe ihn für tot erklärt.« Ich muß nicht mehr befürchten, daß einer mehr weiß, als er bisher gesagt hat.

»Aber wenn sie das öffentlich sagt, ist mein Ruf kaputt. Dann bin ich erledigt.« Nein, mein Ruf gehört ebenso zu den Bildern, die ich nach außen vor mir hertrage und die ich gerne bestätigt wissen will. Jeder weiß, daß in lebensentscheidenden Fragen der Ruf nichts nützt. Ich will schließlich im Tiefsten nicht, daß meine Visitenkarte – auf die ich alles schreiben kann; Papier ist geduldig – geliebt wird, sondern ich selbst.

Jesus predigt in der Bergpredigt Gelassenheit: Sorgt nicht, Gott sorgt... Sammelt nicht Schätze, an die ihr euer Herz hängt... In einem eindrücklichen Bild warnt er den »Heuchler« (griech.: hypokrites = Schauspieler) davor, den Splitter im Auge des anderen zu suchen; läuft er doch Gefahr, vom Balken im eigenen Auge blind zu werden.

Der »Heuchler« verbraucht seine ganze Energie im Ablenken und Vertuschen: »Ach, wissen Sie, ich habe gedacht damals, ich gehe mit zu dieser Ehetherapie, daß sie mir nachher nicht vorwerfen kann, ich hätte nichts getan. Aber sie hat bei den Gesprächen ein unmögliches Bild abgegeben. Ich habe immer gemerkt, wie die Therapeutin auf die eigentlichen Punkte kommen wollte. Aber sie ist immer ausgewichen. Genau an den Punkten, wo sie auch mich nicht verstehen will. Ganz genau da. Und sie hat das nicht gemerkt. Als ob sie ein Brett vor dem Kopf hätte! Wir haben die Therapie schließlich auch sein lassen.«

Es geht eigentlich nicht um das »Maß«. Das Messen ist das wahre Grundübel. Wenn ich meine Fehler an denen der anderen messe, operiere ich an der Oberfläche, komme nicht zu meinem Eigentlichen, kann auch die mir – von Gott – zugewiesene Rolle nicht spielen. Ich täusche mich und andere, nehme meine Rolle nicht an, bin ein schlechter Schauspieler. Das meint Jesus, als er bestimmte Menschen »Heuchler« nennt.

Ich klammere mich an Kleider und Lebensorganisation – Sorge nicht! Ich klammere mich an Urteile über mich und andere – Richte nicht! Ich klammere mich an mein Recht – Vergelte nicht! Ich klammere mich an meinen Ruf – Laß deine Linke nicht wissen, was die Rechte tut.

Übe Gelassenheit, laß deine Schatten zu. Halte dich aus! Stelle dich deinen Fehlern und freue dich, daß du heute den einen oder anderen Fehler nicht mehr machst. Und lade andere ein, es genauso zu tun.

Aber wer hält sich selber aus?

Das erste, worauf du triffst, wenn es dir gelingt, dich wirklich über alles Geschwätz und über die ganze Geräuschkulisse hinweg auszuhalten, ist die Stille, die Sprachlosigkeit, das Schweigen. Du drohst in ein Nichts zu fallen und streckst dich gleichzeitig aus in eine Ewigkeit, die dir bislang fremd war. Bei gelingenden Meditationen und Schweigephasen machen wir solche erschreckenden Erfahrungen. Tod und Ewigkeit sind sich so nah, Scheitern und Gelingen fließen ineinander ohne Übergang. Dabei wissen wir so gerne die Grenzen, möchten alles in der Hand behalten, uns selbst »definieren«.

Ein Freund hat mir an dieser Stelle eine entscheidende Lebenshilfe gegeben. In Gesprächen, so meinte ich, sei ich viel freier als in Büchern. Da kommen Gedanken, über die ich selbst staune, über die ich mich freue. Doch dann, wenn ich solche »Einfälle« zu Papier bringe, möchte ich alles, was ich sage oder schreibe, gerne absichern. Es soll möglichst für alle stimmen, für meine Gemeindeglieder, für die Rundfunkhörer, für die Fachkollegen an der Universität und – schwierig genug – auch für mich selbst. Deshalb will ich noch drei weitere Bücher lesen und meine, was ich schreibe, ist nicht klug genug, nicht hilfreich, hält nicht stand. Er sagt: »Sei doch bescheidener.« Das hat zuerst weh getan, ich will doch nicht unbescheiden sein. Aber er hat es mir so erklärt, daß ich mich daran aufrichten konnte. Er sagt: »Mach' dich doch nicht so abhängig vom Urteil anderer. Begnüge dich mit der Freude, die du empfindest, mit der Energie, die du spürst; mit dem einen oder anderen Signal, daß du jemandem geholfen hast.«

Mangelnde Bescheidenheit – das lerne ich daraus – hat eigentlich gar nichts zu tun mit Überheblichkeit, mit überzogener Selbsteinschätzung. Im Gegenteil: Ich will mich vor allen beweisen. Ich will es allen recht machen. Ich klammere mich an das Urteil anderer. Ich giere nach der Zustimmung anderer wie ein dressiertes Pferd nach Zucker – und Peitsche.

Sei gnädig mit dir selbst. Nicht weil du dich selbst an Gottes Stelle setzt, umgekehrt wird tatsächlich Gnade daraus – weil Gott sich an deine Stelle setzt. Das ist »evangelischer« Glaube: Ich bin gewiß, daß nichts mich trennt von der Liebe Gottes. Ich bin mit Gott und mit mir selbst »versöhnt«. Ich nehme diese geschenkte Freiheit an. Das ist meine bescheidene »Rolle«. Mit ihr will ich versuchen, eins zu werden. Meine Seele bekommt Flügel, meine Verkrampfung löst sich, mein Atem wird frei. Es war so, wie es war. Und ich war der, der ich war. Aber jetzt packe ich meine sieben Sachen und gehe aufrecht. Und Gottes Atem gibt mir Rückenwind.

Im übrigen: Als Josefs Brüder immer noch meinen, da sei etwas nicht geäußert, da käme noch etwas, das sie zu fürchten hätten, sagt Josef zu ihnen: »Fürchtet euch nicht! Bin ich denn etwa Gott für euch?« Gott hat es gut gefügt, er hat die Wunden geheilt, nun laßt die Heilung zu. Dieses »Fürchtet euch nicht!« erinnert mich an den Engel am Grab Jesu, an den Engel bei Maria, an den Engel auf dem Hirtenfeld vor Bethlehem. Es können eben auch Engel sein, die uns etwas »nachtragen«, vielleicht sogar den Schlüssel zu unserem Leben.

Erinnern, vergessen, vergeben

Reinhold Schneider, der sensible deutsche Dichter und Historiker aus Kriegs- und Nachkriegszeiten, schreibt: »Wie spät versteht man einen Freund: Man gerät, zwölf Jahre nach seinem schauerlichen Tod, auf seine Wege, in die Räume, in denen er zu Hause war; und nun erst, im gemäßen Medium, leuchtet sein Bild auf, und auf ein jedes der wenigen Worte, die das Gedächtnis noch wiederholen kann, fällt der erklärende Akzent. Verhält es sich aber so in der kurzen Spanne eigener Erfahrung, so müßte es uns klar werden, wie barbarisch wir uns gegen die Vergangenheit verhalten. Es stimmt kein einziges Wort, das wir von ihr sagen und schreiben: nicht ein einziges Wort ist wahr.«[15]

Ist es Gnade oder Fluch, Chance oder Elend des Menschen, daß er sich erinnern kann? Ohne Erinnerung ist der Mensch keinen Tag lebensfähig, er würde von einem zum anderen Augenblick in ein Auto rennen, Tödliches essen oder trinken, keine Gefahr erkennen. Aber auch ohne die Gabe des Vergessens wäre er zum Tod verurteilt, säße auf seiner Vergangenheit fest, ängstlich, zerknirscht, rachsüchtig, mißtrauisch, bewegungsunfähig. Ein Mensch, der nicht vergessen kann, kann sich nicht freuen. Ein Mensch, der sich nicht erinnern kann, kommt unter die Räder.

Was ist eigentlich Erinnern? Und was ist Vergessen? Und welche Rolle spielen Erinnern und Vergessen beim Sterben einer Ehe und bei der Bewältigung dieser Krise?

Er hat alles verkauft, verschenkt, weggegeben. Der Hausrat war im Einvernehmen geteilt, schon vor der Scheidung.

Und doch haftete an jedem Stück wie eine klebrige Schicht ein Geruch, ein Bild, ein Satz, ein Gefühl, ein Streit, eine verlogene Zärtlichkeit, ein Schmerz. Die Freunde sagten ihm: »Laß es, du hast doch eh jetzt kein Geld.« »Was versteht ihr schon davon«, hatte er barsch zurückgegeben. »Wenn ihr mich für einen Spinner haltet, dann geht doch!« Einige waren gegangen.

Es trennen sich überhaupt wesentlich mehr Wege als nur die der beiden Geschiedenen. Man meidet das Elend, das immer gleiche Thema. Geht dem Konflikt, als »Partei« mißbraucht zu werden, aus dem Weg. Ausreden finden sich immer. »Ich kann es nicht mehr hören. Sie fängt immer wieder damit an. Sie hat gar kein anderes Thema mehr. Sag ihr, Kathrin hätte die beiden letzten Nächte so schlecht geschlafen; wir wollten sie heute abend nicht allein lassen. Das muß sie doch verstehen.«

Die Geschirrspülmaschine, Garderobe und Sitzecke hatte ein Trödler geholt. Zu Spottpreisen. Kücheninventar hatte er dem jungen Paar im dritten Stock geschenkt, das Ehebett stand jetzt im einzigen Zimmer einer Familie aus Kasachstan. Nach und nach hatte er sich getrennt, versucht, die Gerüche, die Geräusche, die Erinnerungen, den Ekel abzuwaschen. Hatte sich verschuldet, eingekauft, mit neuen Gerüchen die alten bekämpft, mit neuen Geräuschen die alten übertönt. Mit den Monaten und Jahren hatte sich diese Manie gelegt. Schließlich zog er in eine andere Wohnung. Neue Freunde, neue Erlebnisse, neue Bilder füllten seine Seele. So kenne ich ihn heute. Meist fröhlich und ausgeglichen, seit drei Jahren wieder liiert. Er wird nur dann unberechenbar, wenn eine Frau in seiner Nähe leise weint. Verzweifelt, wenn jemand wortlos geht oder mitten im Streit meint: »Ach laß es, vergessen wir's!«

Bei Trauergesprächen kreist das Erzählen meist um die letzten Wochen, Monate oder Jahre des Verstorbenen. Die akute Ohnmacht, der eben entstandene Verlust, die schwere Pflege, die andauernde Konfrontation mit dem Tod, dem man seit Wochen nicht mehr ausweichen konnte – all das hat sich wie ein Schatten vor die Erinnerung an gute Zeiten gelegt. Nur mühsam gelingt es manchmal in diesen Gesprächen, über Floskeln hinaus Gefühle aus besseren Zeiten wachzurufen. Manche beginnen zu lachen, in Schwarz und eben noch unter Tränen. Ein tief innen geborenes Lachen, das wenig später der Kontrolle zum Opfer fällt: Jetzt ist doch Trauerzeit. Aber das ist wohl die Kunst des Trauerns, ein ausgewogenes, ein ehrliches Bild des Verlorenen zu bewahren, eine »innere Figur«[16] jenseits von Verklärung und jenseits von Rechtfertigung. Erinnerung als Lebenshilfe.

Was für die Trauerarbeit mit Hinterbliebenen gilt, gilt nicht weniger für Geschiedene. Viele brechen den »Trauerprozeß«, der ja nichts anderes ist als ein »Heilungsprozeß«, zu früh ab und werden deshalb von der Erinnerung erdrückt, verfolgt, belastet. Müssen eigene Schuld verdrängen, kultivieren ein Zerrbild des Menschen, den sie doch einmal geliebt haben. Dieses Zerrbild muß herhalten, wenn eines der gemeinsamen Kinder sich als wenig lebenstüchtig erweist, die Schulden seit Jahren nicht weniger werden, die Nerven schneller blank liegen als früher, das eigene Leben aus den Fugen gerät. Sie haben sich getrennt. Doch das reicht nicht. Es ist ein Irrtum, zu meinen, wenn die äußeren Berührungsmöglichkeiten minimiert oder ausgeschlossen sind, ließen auch die inneren Berührungsängste und Schmerzen nach. Die verinnerlichten Schmerzen, Enttäuschungen, das Gefühl, eingesperrt zu sein, oder die Angst, allein gelassen zu werden – nichts von dem ist vergessen. Die Vergangenheit verfolgt mich. Erinnerung kann zum Fluch werden.

Hat die Seele, hat der Körper noch Heilungswillen, dann wird dieser Heilungswillen in Träumen oder in Alltagssituationen immer wieder ein Angebot unterbreiten, dem äußeren »Frieden« endlich auch das Fundament des inneren zu schenken. Es ist doch »meine« Erinnerung, die mich plagt. Kann ich meinen Schmerz nicht vergessen, sucht er sich immer wieder Nahrung in erinnerten eigenen Schmerzen und in Fehlern des anderen. Ein Kreislauf, der neue, gelingende Beziehungen auf schwere Proben stellt, oft unmöglich macht.

Solchermaßen von der Vergangenheit Verfolgte, von der Erinnerung Geplagte entwickeln Vergessensstrategien. Möglichst viele neue Eindrücke sollen die alten Spuren verwischen: Stürze dich ins Leben! Konzentrationsübungen sollen die Gedanken in positive Bahnen lenken: Sag', ich will! Seelische Wunden werden durch körperliche oder sportliche Höchstleistungen betäubt: Trimm dich fit! Das mag Wochen und Monate gutgehen, erfordert aber einen riesigen Energieaufwand, dem auf Dauer keiner gewachsen ist. Solche Versuche enden allenfalls mit der Aufrechterhaltung der Fassade. Doch hinter den Mauern hilft nur noch der Alkohol, die Tablette, der Rausch. Die Sucht nach Glück nützt nur den Händlern. Wehe, der Druck wird so groß, daß er Fenster und Türen in die Fassade schlägt.

Sosehr das Erinnern und das Vergessen ein lebensnotwendiger, kreativer Akt ist, der uns die Gegenwart bewältigen und die Zukunft gestalten hilft – soll das ganze Unternehmen nicht in neuem Elend enden, bedarf es der »Brücke« zwischen den beiden Polen Erinnern und Vergessen, der Vergebung. Dabei denke ich weniger an großartige »Vergebungsakte«. Allerdings sollten die Kirchen ernsthaft prüfen, ob nicht ein »Ritus« möglich wäre, der – wohl nicht in aller Öffentlichkeit, sondern mit den Betroffenen – den Geschiedenen gemeinsam Vergebung zuspricht. Eduard Thurneysen schreibt 1948 (!) in seiner

Seelsorgelehre: »Die Vergebung der Sünden kann freilich... nur dann in Kraft treten, wenn sie *bedingungslos* ausgerichtet ist. Daß die Kirche aufs Ganze gesehen immer wieder so wenig stark und hilfreich ist in ihrer Seelsorge, daß es ihr überhaupt an wahrer Seelsorge in so weitem Maße gebricht, das hat seinen Grund darin, daß sie den Satz von der Vergebung der Sünden zwar kennt und vertritt, aber sie kennt und vertritt ihn nur mit Einschränkung, mit Vorbehalten und unter Klauseln. Sie wagt es nicht, die Menschen bedingungslos zu Gott zu rechnen. Sie fürchtet so schnell, sie könnten leichtsinnig werden, wenn man ihnen die Vergebung der Sünden zu großzügig und zu weitherzig ausrichtet. Sie glaubt selbst nicht so recht an die Unerschöpflichkeit der Vergebung der Sünden.«[17]

Ein wesentliches Dilemma ist dies, daß wir uns selbst so schwer vergeben können. Wir wollen unsere Vergangenheit beschönigen, es gelingt nicht, sie zu bejahen. Wir spüren den Selbstbetrug, leben in der Angst, uns etwas vorzumachen, und bauen mit dieser Angst neue Mauern im Garten unseres Lebens. Jede Blüte – ob aus der Vergangenheit erinnert oder in der Gegenwart entdeckt – steht unter dem Verdacht, »nicht echt« zu sein. Die Freude an der Blüte ist getrübt durch das Wissen, daß auch auf sie ein Herbst wartet. »Habe den Mut, doch endlich auch einmal etwas gut zu finden!« Ja, wenn da nicht die Erinnerung an abgebrannte Felder, niedergetretene Blumen, abgestorbene Sträucher und gefällte Bäume wäre. Wenn ich diese Bilder nur vergessen könnte, dann wäre ich frei für dich.

Geschiedene sind verwundet. Ziel ihrer »Heilung« kann ja nur heißen, frei zu werden, über sich verfügen können, man selbst sein können, sich äußern und entwickeln können. Vergebung ist deshalb ein höchst anschaulicher Vorgang der »Lossprechung«, der »Erlösung«, nicht nur von belastender Schuld, sondern auch von all den Verstrickungen, deren Erinnerung eine gescheiterte Liebe und Ehe selbst nach der gesetzlichen Scheidung weiter am Leben – besser: am Sterben – erhält. Wer nur äußerlich getrennt, aber innerlich nicht gelöst und befreit ist, dem erstickt der Glaube an die Liebe, die Hoffnung auf wirkliche Veränderung und die Lebensfreude unter einem Netzgeflecht ungelöster Fesseln. Aber wie kann das geschehen? Kann ich mir selbst vergeben? Habe ich die wirkliche Autorität, einem anderen zu vergeben? Sind und bleiben meine möglichen Neuanfänge nicht doch von der Erinnerung bedroht? Wie kann ich vergessen lernen?

Während wir in der Vorstellungswelt einer durch und durch technisierten und automatisierten Zeit Erinnerung als »Speicherung« von Daten – auf einem Band, einer Diskette oder Computerfestplatte, im menschlichen Gehirn – verstehen, erinnern sich die Menschen der Bibel mit dem Herzen! Das Herz ist in der Bibel nicht nur das zentrale, den Körper mit Blut versorgende Lebensorgan, es ist auch Sitz des Verstandes, der Erinnerung und des Denkens. Der Mensch der Bibel denkt mit dem Herzen und fühlt mit den Nieren. Schnell können wir dieses Bild nachvollziehen, wenn uns »etwas an die Nieren« geht oder wenn es uns »eng wird ums Herz«. Das Herz als Ort der Erinnerung macht deutlich: Es geht nicht um eine Gedächtnisleistung, es geht nicht um die Speicherung von Daten, es geht um mein ganzes Leben in seinem Bogen von der Vergangenheit über die zu bewältigende Gegenwart hinein in die zu gestaltende Zukunft. Kann sich unser Herz lösen von den Verengungen? An zentralen Stellen taucht in der Bibel ein eigenartiger Gedanke auf:

»Siehe, es kommt die Zeit, spricht der Herr, da will ich mit dem Hause Israel und mit dem Hause Juda einen neuen Bund schließen… Ich will mein Gesetz in ihr Herz geben und in ihren Sinn schreiben, und sie sollen mein Volk sein, und ich will ihr Gott sein. Und es wird keiner den andern noch ein Bruder den andern lehren und sagen: ›Erkenne den Herrn‹, sondern sie sollen mich alle erkennen, beide, klein und groß, spricht der Herr; denn ich will ihnen ihre Missetat vergeben und ihrer Sünde nimmermehr gedenken« (Jeremia 31, 31–34).

»Und ich will ihnen ein anderes Herz geben und einen neuen Geist in sie geben und will das steinerne Herz wegnehmen aus ihrem Leibe und ihnen ein fleischernes Herz geben, damit sie in meinen Geboten wandeln und meine Ordnungen halten und danach tun. Und sie sollen mein Volk sein, und ich will ihr Gott sein« (Hesekiel 11,19f).

Gott gibt dem Menschen, der gescheitert ist, sich mit wilden Schlägen freikämpfen will von der Last seiner Vergangenheit und sich dabei immer noch mehr verstrickt, ein »neues Herz«. Dieses Geschenk eröffnet einen durch nichts als durch Gottes Liebe gerechtfertigten, bedingungslosen, unbeschränkten Neuanfang. In der Seelsorge gibt es nichts Wichtigeres als die Begleitung eines oder mehrerer Menschen zu diesem getrosten Glauben.

Martin Luther drückt dies sehr plastisch aus: »Die Anhänger der Sekten reden immer etliche Worte, aus denen man wahrnimmt, daß ihr Herz im Zweifel ist: Ich hoffe, ich sei fromm, ich sei gerecht. Ein Christ aber (sagt): Ich tue, was ich kann. Was ich nicht tue, das zahlt das Leiden Christi für mich. Ich bin selig in Christus, diese Zuversicht soll mir niemand nehmen.«[18]

Erinnern – vergeben – vergessen. In diesem Prozeß erfahre ich Freispruch von der Anklage, Zuspruch neuer Lebensmöglichkeit. Nichts anderes bedeutet der Satz aus dem ersten Johannesbrief: »Wenn wir aber unsere Sünden bekennen (*Erinnern*), so ist er treu und gerecht, daß er uns die

Sünden vergibt (*Vergeben*) und reinigt uns von aller Ungerechtigkeit (*Vergessen*)« (1. Johannes 1,9).

Mag sein, daß nach dem seelischen Reinigungsprozeß – Erinnern, Vergeben, Vergessen – im Blick auf die Vergangenheit andere Bilder auftauchen, gute Erinnerungen, vor denen ich den Blick verschlossen hatte, die ich nicht sehen wollte, auch wenn sie in mir waren: Die ehemalige Frau ist nicht mehr das »Ekel«, der Mann nicht mehr der »Trinker«. Ich kann, ohne mich selbst und meine Abwendung von dieser früher einmal geliebten Person zu »verraten«, endlich wieder die guten Seiten des anderen in mir zulassen. Unverkrampft entdecke ich auch mich selbst wieder als einer, der sich nicht nur geirrt und Fehler gemacht hat. Auch ich habe bei aller Schuld, Unehrlichkeit und Bereitschaft, zu verletzen, auch Gutes erlebt und Gutes getan. Ich kann mir wieder kritisch, aber aufrecht in die Augen schauen. Die Seele wird zur Ruhe kommen, die Wunde kann nun heilen. Ich richte mich auf, die Schultern werden weit. Ich höre auf, mich treiben zu lassen, greife nach den Ruderblättern, beginne zu leben und finde Freude zu neuen Wegen.

Verzichten, sühnen, büßen, wiedergutmachen

Aus dem Umkreis der Mönchsväter, die um das Jahr 400 in Ägypten teils als Einsiedler, teils in kleinen Gruppen in der Wüste lebten, asketisch, in Gebet und Fasten auf der Suche nach »Herzensruhe«, wird folgende Geschichte erzählt: Ein Bruder sagte zum Altvater Poimen: »Ich habe eine große Sünde begangen und will drei Jahre dafür Buße tun.« Der Greis antwortete ihm darauf: »Das ist viel!« Der Bruder erwiderte: »Aber dann ein Jahr lang?« Der Greis darauf wieder: »Das ist viel!« Die Anwesenden meinten: »Vierzig Tage.« Und wieder sprach der Greis: »Das ist viel. Ich sage euch: Wenn der Mensch aus ganzem Herzen bereut und sich vornimmt, die Sünde nicht mehr zu tun, dann nimmt ihn Gott auch bei einer Buße von drei Tagen wieder auf.« [19]

Ich konnte das lange nicht verstehen: Die Menschen schienen gar nicht zufrieden, nicht glücklich und frei nach dem Zuspruch der Vergebung. Bis mir ein Mann, erfolgreicher Handwerker und Geschäftsmann, sagte: »Ihr Christentum ist mir viel zu einfach. Ich brauche Regeln, die mir etwas abverlangen. Das muß weh tun, dann ist es für mich eine Herausforderung.« Er war ganz fasziniert von der Aktion »Sieben Wochen ohne« und berichtete wöchentlich freudestrahlend von seinen Erfolgen: kein Alkohol, kein Fleisch, keine Süßigkeiten. »Oh, tut das weh. Aber mir tut so was gut.«

Spricht daraus ein krankhaftes »Strafbedürfnis«? Ich hoffe nicht. Denn längst habe ich in mir selbst auch solche

Gedanken entdeckt. Ich bin kein Psychoanalytiker. Aber ich weiß aus eigener Erfahrung, daß es für mich als Kind ganz besonders schlimm war, wenn ich nach einem von mir auch so empfundenen Fehlverhalten nicht die Möglichkeit der Wiedergutmachung erhielt. Ist das »Gewissen« unter anderem auch eine Instanz, die sehr gut spürt, ob eine »Rechnung noch offen« ist?

Möchte der Mensch selbst etwas zu seiner »Heilung« beitragen können? Ja, schon um einen Rest Selbstachtung zu wahren. Es ist paradox: Jeder möchte ungeschoren davonkommen, aber keinem ist es ganz wohl unter seiner Wolle.

Mich interessiert an dieser Stelle weniger der alte Theologenstreit, ob der Mensch tatsächlich – wenn es um sein eigenes Heil geht – etwas beitragen könne. Wir kennen die »evangelische« Antwort: »Der Mensch wird gerecht allein aus der Gnade Gottes.«

Ich weiß nur aus meiner Seelsorgeerfahrung, wie wichtig eine »schöne Beerdigung« für Hinterbliebene ist; ein letzter Dienst, nicht mißzuverstehen als Schau – es ist ein Dienst. Ich weiß, wie verzweifelt Menschen sind, die keine Möglichkeit haben, diesen letzten Dienst zu tun.

Ich suche im Verlauf eines Trennungs- und Scheidungsprozesses nach solchen Möglichkeiten eines »letzten Dienstes«, nach der Chance, »Buße zu tun«. Beim juristischen Auseinander spielen solche Gedanken (Sühne, Buße) keine Rolle. Es geht ausschließlich um die äußere Ordnung. Dabei kenne ich keine geschiedene Frau und keinen geschiedenen Mann, die mit der Verteilung der Güter, dem richterlich bestätigten Verzicht auf Ansprüche und dem vereinbarten Sorgerecht für Kinder wirklich einverstanden und befreit wären. Geschiedene sind nicht nur »Opfer«. Im tiefsten Innern fühlt sich jede / jeder auch als »Täter«, als »Mittäter«, als Versager und Gescheiterter. Ich weiß, daß solche Begriffe in politischen Diskussionen fast schon tabuisiert sind. Aber sie spielen eine wesentliche Rolle in Seelsorgegesprächen.

Menschen spüren die Schwere, die Tragweite einer Scheidung, auch wenn sie selten darüber sprechen. Sie wollen wissen – um ihrer »Heilung« willen, um der »Ruhe« willen, auch um der Lebenschance für neue Beziehungen willen, ob noch »etwas auf sie zukommt« oder ob die Schulden bezahlt sind. Lieber noch einen zweiten Kredit aufnehmen, aber dann weiß ich, woran ich bin.

Auch wenn die Ansprüche benannt, geregelt und ausgeglichen sind – es gibt keinen seelischen »Offenbarungseid«. Es gibt keine Urkunde, die mir sagt: Da kommt nichts mehr. Die Rechnungen sind bezahlt. Du hast lange »abgestottert«, aber jetzt ist alles beglichen. Und deshalb brauchen Geschiedene die Möglichkeit zur »Buße«, zur »Sühne«, zum »Verzicht«.

Da geht es um »Äußerlichkeiten«, z. B. den Austausch alter Briefe und Fotos; die euphorischen, in hölzerne Verse gepackten Liebeserklärungen; die Fotos von ihm in Weinlaune, die Bilder von ihr mit entblößter Brust.

Das hat dann auch Tiefendimensionen, die nur in einer Beichte zur Sprache kommen können. Und nur in diesem intimen seelsorgerlichen Miteinander wird dann auch eine adäquate »Buße« gefunden werden können. Der greise Wüstenvater spürt dem jungen Asketen ab: Drei Jahre Buße, das ist nicht der rechte Weg. Wenn es wirkliche Buße ist, reichen drei Tage. Wenn es wirkliche Buße ist, kann ein Beichtgespräch mit seiner ganzen Geschichte (der Telefonanruf, die Überlegungen zuvor, der Weg zur Beichte, die sukzessive »Hergabe« meiner Last oder Schuld, die Erfahrung eigener »Blöße«, das »Geständnis«, die Konfrontation mit den eigenen Maßstäben und mit den Maßstäben eines anderen oder einer Gemeinschaft, die schwierige Suche nach Umkehrmöglichkeiten, ein gemeinsames Gebet, der Zuspruch der Vergebung, vielleicht die Kommunion, der Weg nach Hause, die Gedanken und Gefühle danach, die neuen Gehversuche...) schon ausreichen als seelische Schwerstarbeit.

Ich kann nur zu solchen Beichtgesprächen raten, auch wenn sich evangelische Christen schwer damit tun. Wer immer Schuld verspürt – berechtigt oder unberechtigt –, wer nach einer Scheidung auch die »inneren Rechnungen begleichen« möchte, sollte dies tun. Seelsorgegeheimnis und Schweigepflicht garantieren verantwortlichen Umgang. Ein »weiser« Seelsorger wird mit dem Hinweis auf Gottes Liebe den Belasteten und Beichtenden davor bewahren, sich schlechter zu machen und damit auf »billige« Weise Schuldgefühle loszuwerden oder sich nun selbst durch übertriebene Härte zu »strafen«. In der Regel weiß der Betroffene allerdings selbst, was zu lassen oder was zu tun ist. Der Seelsorger hilft ihm beim »rechten Maß«.

Als Jesus auf dem Weg nach Jerusalem durch Jericho kommt, da kehrt er bei dem stadtbekannten Zöllner Zachäus ein. Alle Welt ist empört, daß sich der Rabbi, von dem man sich Wunderdinge erzählt, mit einem solchen Zeitgenossen abgibt. Zachäus kannte seinen Ruf, spürte das Mißverhältnis zwischen seiner Körpergröße (»er war klein«) und seiner Rolle (»er war ein Oberer«), war deutlich auf Distanz zur Bevölkerung gegangen (»er lief der Menge voraus«) und hatte sich auf die Äste eines Maulbeerbaumes gestellt, durchaus also »exponiert«. Jesus, so lesen wir in Lukas 19, hat diese Signale gut verstanden, befiehlt ihm: »Komm herunter!« und lädt sich zum Essen bei ihm ein. Die Beichte des Zachäus hat längst begonnen, bevor sie das Haus betreten. Sie beginnt schon dort, wo Zachäus sich aus der Menge löst, exponiert; ist wahrscheinlich bei der direkten Konfrontation in ihrer für Zachäus schwierigsten Phase und setzt sich auf dem gemeinsamen Weg ins Haus fort. Mit keinem Wort wird erwähnt, daß Zachäus seine Sünden bekannt hätte. Wir erfahren von keiner weiteren »Beichte«. Der Weg auf den Baum, herunter vom Baum und – vor aller mißbilligenden Öffentlichkeit – mit Jesus ins Haus ist deutlich genug.

Und Zachäus findet auch das für ihn adäquate Maß der Wiedergutmachung selbst: Die Hälfte seines Besitzes gibt er den Armen, und die Betrogenen werden vierfach entschädigt. Jesus hindert ihn nicht daran. Zachäus hat offensichtlich das richtige Gespür. Und sein Seelsorger bestätigt den Heilungsprozeß: »Heute ist diesem Haus Heil widerfahren.«

Nun ist es nach einer Scheidung nicht mehr möglich, die über äußere Vereinbarungen hinausgehende »Wiedergutmachung« zu leisten. Im Gegenteil: Die Scheidung ist nicht nur die vor aller Öffentlichkeit, sondern insbesondere für die beiden Geschiedenen (end)gültige Bestätigung: Alle Versuche, wieder etwas gut zu machen, sind gescheitert. Nun hat jeder die Chance und die Aufgabe, seinen Heilungsprozeß getrennt vom anderen, in Freiheit und auf seine eigene Weise zu beginnen. Oft genug war – und wäre bei bleibenden Ansprüchen – der bisherige Partner gerade der Mensch, der den eigenen Heilungsprozeß unmöglich gemacht oder äußerst beschwert hat.

Geschiedene stellen sich die Frage: Lag es denn nicht doch an mir? Bin ich überhaupt »beziehungsfähig«? Bin ich einer Bindung, einer Partnerschaft oder gar einer neuen Ehe nach all den schlechten Erfahrungen gewachsen?

Eine neue Beziehung ist ohne Zweifel in diesem Sinn eine therapeutische Instanz, als ich dort entdecken kann: Ich kann ja doch etwas »gut« machen. Ich bin ja in der Lage, zu lieben, mich zu öffnen, mit mir und meinem Partner »einig« zu werden. Wieviel positive Energie in einem Menschen steckt, den alle Welt für einen Betrüger, Halsabschneider und Charakterlumpen hält, zeigt die Geschichte mit Zachäus. Ohne diesen Freiraum, ohne die befreiende Begegnung mit Jesus wäre er wohl nie zur Wiedergutmachung fähig gewesen. Und dann in diesem Maße: vierfach! Ein Mensch erfährt eine ungeheure Erleichterung, wenn er auf diese heilende Weise zeigen kann, daß er – der jahrelang innerlich zerrissen, blockiert, gebrandmarkt und unfähig war, Gutes zu tun – zu Gutem imstande ist. Und wie soll der Mensch frei und gesund, wie soll er ein Ebenbild Gottes werden, ohne den Engel, der ihm noch »weite Wege« zutraut?

Der flüchtende Jona im Bauch des Fisches, der verhaßte Zachäus auf dem Maulbeerbaum, der lebensmüde Elia in der Wüste, sie alle leben von der Begegnung mit dem »Engel«, mit Gott, mit Jesus. Sie erleben in diesen Begegnungen, daß ihnen Gutes zugetraut wird, Wiedergutmachung, Heilung, Fruchtbarkeit. Es ist, als ob ihnen auf weitem Raum gute, neue Erde geschenkt wird, auf der der Samen aufgehen und die Frucht wachsen kann, die längst in ihnen vorhanden war, aber keinen Lebensraum gefunden hatte. Jesus »macht« nicht gesund, er vergibt Sünden und ermöglicht Umkehr. Der Engel schickt auf neue Wege, gehen muß Elia selbst.

Wenn man dem von Paulus so oft gebrauchten Begriff »Versöhnung« auf den Grund geht, dann bedeutet er wörtlich übersetzt: »Stellenwechsel«. Gott tauscht seinen Platz »hoch droben« über den Menschen und ihrem Elend ein gegen einen Platz »tief unten« bei den Menschen und in ihrem Elend. Aber doch nicht, um nun gemeinsam das Elend zu feiern, sondern um alles auf die Waagschale zu legen, was den Menschen befreien könnte. Mit diesem Pfund darf ich wuchern. Auf diese Versöhnung kann ich mich berufen. Gott traut mir Gutes zu. Nun sollte ich es auch versuchen.

Heilen und leben

Ein »Individuum« (lat.: ein »Un-Teilbares«) möchte jeder sein, ausgeglichen, innerlich nicht zerrissen, unaustauschbar, unverwechselbar, mit sich und der Welt eins. Ein »Unteilbares« ist ein Ganzes, ein Einmaliges, ein Gesundes. Es gibt dafür eigentlich nur einen stimmigen Begriff, so mißverständlich er in unserer Spache auch sein mag: Ich möchte »heil« sein. Hinter dem weißen Brautkleid, der Hoffnung auf »Freispruch«, dem Besuch eines Konzerts mit der Berliner »Philharmonie«, dem Gang zur Kirche an »Heilig« Abend, dem Wunsch nach einem »guten Zeugnis« und der Angst vor der »Zerstörung des Rufes« verbirgt sich die Sehnsucht nach einer »heilen Welt«. Wir erwarten eine Stimme, die wohltuend herausragt aus dem Konzert schriller und schmerzender Töne. Wir erwarten die Bestätigung, daß es doch noch einen Rest Beständigkeit des Guten gibt, herübergerettet aus unserer Kindheit, sorgsam gehütet gegen Sticheleien, Winterschlußverkäufe und schlechte Erfahrungen: die »weiße Heirat«, »Weihnachten« und – »daß es noch eine Gerechtigkeit gibt«.

Auf seine Weise – und nur die Art und Weise unterscheidet uns tatsächlich je nach sozialer Herkunft, Sprachfähigkeit und Alter – sehnt sich jeder Mensch nach der heilen Welt, nach Ganzheit, nach – und das ist überraschend in diesem Zusammenhang – »Individualität« und Heilsein. Hatten wir nicht gelernt, daß das Bedürfnis nach Individualität, nach Unterscheidbarkeit – daß »Scheidung« etwas Negatives ist? War »heilen« nicht ein Wort aus der Kinderwelt, so ähnlich wie »wieder zusammenflicken«?

Ich habe lange gebraucht, um es zu verstehen; und ich bin immer noch dabei, es mit Leib und Seele zu lernen: Abschiede sind Heilungsprozesse, Aufbrüche heilen. Wer seine Krankheit nicht zuläßt, nicht spüren will, nicht leiden will, ist in größter Lebensgefahr.

Wir verstehen die »Vertreibung aus dem Paradies« als Strafe. Der Mensch darf nicht dort bleiben, wo es gut für ihn war. Die Tür schließt sich – für immer. Was immer sich nach Gottes Willen öffnet, um uns ewig zu bergen – es ist ein Neues, Neuland. Der Mensch entdeckt erst außerhalb des Paradieses seine Geschichte. Er entdeckt sich mit all den schöpferischen und zerstörerischen Kräften. Er entdeckt sich unter Tränen, im Schweiß seines Angesichts, ausgesetzt. Er entdeckt sich geliebt, begnadet, bewahrt. Ihm wird seine Ambivalenz deutlich: Er ist fähig zu Gutem und zu Bösem. Er wächst. Er wird erwachsen, wird sich seiner Zeit und damit seiner Grenzen bewußt. Er erlebt Kommen und Gehen, Geborenwerden und Sterben, Fallen und Aufstehen, Vereinigung und Abschied. Er sucht seinen Weg inmitten unendlich vieler anderer Wege, sucht einen Sinn, eine Ausrichtung. Er wird sich selbst zur Frage und erkennt, daß keine Antwort vor neuen Fragen, vor weiterem Wachstum, neuen Abschieden und neuen Wunden bewahrt. Er hat zwei grundsätzliche Möglichkeiten: Die eine ist die, täglich neu sozusagen die eigene Geburt zu verhindern, sich einzuigeln, abzuschotten, sich zu verschließen. Das ist der sichere Weg in den Tod. Die andere Möglichkeit ist die, sich nicht an die Gitterstäbe des Paradiestores zu klammern, sondern den Weg zu gehen, das Wachstum zuzulassen, das Reifen als Gewinn anzunehmen, die Abschiede als dazugehörig zu integrieren, Krankheiten als Hinweisschilder und Schmerzen als Äußerungen des Lebens dankbar wirken zu lassen. Auch dieser Mensch wird eines Tages sterben, doch ihm ist selbst das »Sterben ein Gewinn«, weil er lebt. Er ist seinem »Heiland« begegnet. Paulus schreibt es so am Beginn des Philipperbriefes, und der alte Simeon im Tempel sagt es, nachdem er den neugeborenen Jesus in den Armen gehalten hatte.

Nur wer sich auf den Weg macht, kann seinen Weg auch finden. Uns ist nicht das Paradies verheißen, sondern das Reich Gottes, mögen die Bilder auch ähnlich sein: Seit Adam und Eva hat der Mensch einen Weg, eine Geschichte. Die Engel vor dem Paradiestor bewahren nicht die heile Welt des Paradieses vor dem Eindringen der bösen Menschen. Sie bewahren den Menschen davor, aus Angst vor dem eigenen Weg zurück ins Paradies zu flüchten. Nichts anderes ist eigentlich »glauben«, als daß ich getrost das vor Augen liegende Nahe, das mir Sicherheit und Ruhe verspricht, loslasse und lebe. Auf ein Wort Jesu hin erhebt sich der bis dahin ans Bett gefesselte Kranke und geht seinen Weg. Viele wollen nicht gesund werden und bleiben deshalb ans Bett gefesselt. Der Gesundungsweg ist risikoreich, schmerzhaft, verlangt Vertrauen. Die siebte Bitte des Vaterunsers, »erlöse uns von dem Bösen«, ist die Bitte um Heilung. Die griechische Grundbedeutung des hier für »erlösen« gebrauchten Wortes ist »heilen«. Heilung setzt Loslassen voraus.

Wir kennen das alle von unseren Einschlafproblemen. Jeder Schlaf ist ein kleines Risiko. So vieles ist unerledigt, ungelöst, bleibt an uns haften, hält uns wach. Jeder Tag ist eine neue Herausforderung, eine neue Aufgabe. Den neuen Tag kann ich nur beginnen, wenn ich den alten hergegeben habe. Wenn nicht, häufe ich Tag auf Tag, Unerledigtes auf Unerledigtes, alles wird schwer, wird langsamer, bleibt schließlich stehen, Leben hat sich festgefahren, ist unmöglich geworden.

Heilung ist zugleich ein Weg, den man wahrscheinlich deshalb fürchtet, weil er Entscheidungen abverlangt. Es ist wie überall im Leben: Ich gehe oder fahre eine Strecke, und dann stehe ich an einer Weggabelung oder Kreuzung. Ich muß mich entscheiden. Und jede positive Entscheidung ist eine Absage an die andere Möglichkeit. Ich kann nicht meine Seele nach Norden, meine Beine nach Süden und meine Hände nach Osten schicken. Als Individuum, als unteilbares Ganzes halte ich solchen Zerreißproben nicht stand. Auf kurze Zeit mag sie gelingen, auf Dauer ist die Vierteilung tödlich. Ich muß »mich mit mir einigen«, muß mit mir eins werden. Großes Vertrauen ist nötig, damit ich die Entscheidungen nicht immer als Verluste erlebe, sondern als Bereicherung. Wenn ich mir alle Türen offenhalte, wird der Raum, in dem ich bin, zum Gefängnis. Wir leben in einer Zeit, in der es anscheinend wichtig ist, möglichst viele »Optionen offenzuhalten«. Wir haben verlernt, mit Mißerfolgen zu leben. Verzicht ist etwas Negatives, alles haben können ist gleichbedeutend mit Glück. Doch wer alles hat, hat das Entscheidende verloren – sich selbst.

Ich habe in den vergangenen Jahren immer gerne das Wortspiel »Bleibe oder Heimat« gebraucht. Habe Mut gemacht, beides nicht zu verwechseln, nicht zu kurz nach einer »Bleibe« zu greifen, wo es um »Heimat« geht. Nun merke ich, daß dieses Bild ergänzungsbedürftig ist. Es verführt zu der Illusion, Heimat sei zu finden oder zu haben. Es müßte einen Begriff geben, der die tatsächliche Geborgenheit und Ruhe, das Zuhause der Heimat, verbindet mit dem Weg, der uns geschenkt – und aufgetragen – ist. So komme ich auf den Begriff »Heimweg«. Seit Menschengedenken sind wir, wenn wir leben, unterwegs auf dem Heimweg. Mag dieses Bild in Liedern verkitscht und nicht weniger religiös mißbraucht sein – es teilt dieses Geschick mit anderen Begriffen wie Liebe, Gott, Himmel oder Freiheit. Menschen »auf dem Heinweg« bewegen sich anders als Menschen, die in die Fremde aufbrechen. Was ich meine, ist dies: Es geht an Wegkreuzungen, bei Entscheidungen und

Abschieden nicht einfach um Mobilität, Entscheidungsfreudigkeit, Unabhängigkeit und Selbstvertrauen. Es geht um Gewißheit. Wer auf dem Heimweg ist, kennt wenigstens einigermaßen die Richtung, kann sich an Bildern, Gerüchen, Geräuschen, Empfindungen, an der Sprache und an bekannten Gesten orientieren. Auch wenn er sich an der einen oder anderen Kreuzung irrt, die »Himmelsrichtung« stimmt einigermaßen. Er wird seinen Weg finden, auch auf Umwegen. Spätestens sobald ich bei der Heimfahrt nach einem Urlaub meinetwegen in Basel oder Saarbrücken die Grenze überschritten habe, brauche ich keine Landkarte mehr. Ich würde mich zur Not auch noch auf Nebenstraßen zurechtfinden, könnte mich problemlos verständigen, auch wenn ich mich total verfahren hätte. Heimweg, das ist der Weg, auf dem ich die Gewißheit habe, daß ich schon zurechtkomme.

Menschen, die in Scheidung leben oder sich haben »scheiden lassen«, war der Heimweg verbaut. Sie waren nicht mehr so gelöst, wie man es eben nur auf dem Heimweg sein kann. Sie mußten sich verstecken, mußten »Heimweg spielen« und waren doch in der Fremde. Kannten sich nicht mehr aus. Wurden krank. Haben sich nicht mehr nach Hause getraut, haben sich verirrt auf Nebenstraßen, haben die Orientierung verloren.

Menschen, die »durch eine Scheidung gegangen« sind, haben dies in der Regel nicht unbedacht getan, meist auch nicht zu schnell, wie oft gemutmaßt wird. Sie hatten ihre Kraft verbraucht, hatten keine Energie und keine Perspektive mehr für einen gemeinsamen Weg. Die Harmonie war so zerstört, daß nur noch zerstörerische, störende Geräusche, aber kein gemeinsamer Einklang mehr möglich waren. Sie standen vor der Entscheidung, sich entweder so zu verschließen vor den Mißtönen, daß sie wenigstens noch überlebten, oder sich zu trennen und einen neuen Weg zu wagen.

Nun ist der Irrweg korrigiert, auf schmerzhafte Weise ist die Entscheidung getroffen für einen eigenen Weg. Der andere, mit dem sie bisher das Zuhause teilten, geht andere Wege. Ich muß nach der Trennung nun mit mir eins werden. Wege im Neuland sind beschwerlich. Solche Wege traue ich mir nur zu, wenn ich den Heimweg kenne.

Bleibt die wichtige Frage: Kann ein Mensch dem anderen Heimat sein? Ist das nicht das tiefste Geheimnis des Menschseins, daß Gott den Menschen als Mann und Frau – aufeinander zu – geschaffen hat?

Nach meiner Erfahrung, nach eigenen Umwegen und vielen Gesprächen, auch nach meiner Kenntnis der Bibel überfordert ein Mensch den anderen, wenn er ihn zu seiner »Heimat« erklärt. Ich würde gerne ein anderes, weniger belastetes Bild gebrauchen: Wir können uns gegenseitig »Gastfreundschaft« gewähren auf dem jeweiligen Heimweg. Es ist ein Wunder, ein Geschenk und sollte als solches auch gewürdigt werden, wenn zwei den gleichen Heimweg haben. Wohl dem, der bis ans Ende seines Weges einen Hausgenossen, einen Weggefährten oder »Dauergast« bei sich hat.

Wichtig bei allem ist selbst dann, wenn sich – schon angesichts der gemeinsamen Heimat – am Ende doch noch die Wege trennen, daß jeder seinen Weg gefunden und »sein Leben gelebt« hat. Dabei kann einer dem anderen Engel sein und bleiben. Ein erster, zweiter oder gar dritter Trauschein gibt dafür allerdings keine Gewähr. Die Ehe ist eine – mehr oder weniger gelingende – Form, das Miteinander auf dem Heimweg zu institutionalisieren. Ehe ist kein Heilmittel. Es ist wie mit allen Hilfsmitteln auf dem Weg, die Gott uns gegeben hat: Der Mensch ist nicht um der Ehe willen da, sondern die Ehe um des Menschen willen. Wenn ich den Sabbat fordere, hat er sein Ziel verfehlt. Ich muß ihn feiern. Wenn ich den Sabbat nicht mehr feiern kann, hetze ich durch die Tage meines Lebens wie ein Gejagter. Selbst wenn alle Gesetzgeber dies für »normal« erklärten, das ist kein Leben.

Das Bild des Heimwegs hat noch eine Lücke, oder ich sage besser, es fehlt ihm noch der Hintergrund. Alles Loslassen, Auf-den-Weg-Machen, Unterwegs-Sein muß einen Grund haben. Warum soll ich mich nicht ins Paradies flüchten? Warum ist das Loslassen eine Tugend und nicht die »Treue«, das »Aushalten« oder gar das »Opfer«?

Ich will zwei Antworten geben. Einmal: Wer seine Ehe als Opfer versteht, Treue als Pflicht und das gemeinsame Leben mit einem Menschen, mit dem es keinen gemeinsamen Heimweg gibt, »aushält«, fürchtet den eigenen Weg. Wir schulden weder unserem Ehepartner noch dem Schöpfer und Bewahrer unseres Lebens irgendwelche gutgespielten Rollen. Er erwartet, daß wir das Geschenk des Lebens täglich neu mit Vorfreude öffnen. Dabei gibt es sicherlich Durststrecken, Zeiten der Müdigkeit und Unkonzentriertheit. Aber Hunger und Durst sind keine zu erbringenden Leistungen, sie sind ein Unglück, ein Elend und schreien nach Veränderung. »Selig sind die Hungernden und Dürstenden« nicht deshalb, weil sie diesen Mangel leiden, sondern weil Gott ihnen seine ganz besondere Nähe verspricht.

Darüber hinaus meine ich: loslassen heilt. Die deutlichste Hilfe für ein »christliches« Verständnis des Loslassens als entscheidender Tugend ist der Hymnus im Philipperbrief. An die Gemeinde in Philippi schreibt Paulus: »Seid so gesinnt (- dies sei euer Weg -) wie Jesus Christus: Er war in göttlicher Gestalt, aber er hielt seine Gottheit nicht fest wie eine Beute, an die man sich klammert. Er entäußerte sich selbst und wurde Mensch, ein Knecht der Menschen...« (Philipper 2,5 ff.). Er läßt dieses selbstgewählte Leben wieder los, zum Heil der vielen. Doch auch der Tod »behält« ihn nicht, er muß ihn loslassen in Auferstehung und Leben. Loslassen als entscheidende Lebenshilfe, als Heilsweg.

Wenn Menschen sich scheiden lassen, suchen sie Wege aus der Krankheit, aus der Verstrickung, aus dem Elend zerstörerischer, lebensfeindlicher Beziehungen. Mit der Scheidung ist erst ein kleiner Schritt zur Heilung getan. So wie wir über Sterben und Tod klagen, so sehr unterstützen wir lebensfördernde Prozesse. Der Engel vor dem Paradies schickt uns nicht auf eine »Warteschleife«, er schickt uns auf unseren eigenen, schmerzhaften, wunderbaren, schmalen Heimweg.

Nachwort

Vielleicht vermißt die eine oder der andere in den vorhergehenden Seiten eine ausführliche positive Sicht der Ehe. Das war nicht das Thema, und man muß sich »bescheiden«. Gelingende Ehe ist – und bleibt für mich persönlich – ein Wunder. »Das muß...«, »das hat...« oder »du bist doch...« sind für mich keine Begriffe, die dieses Wunder annähernd fassen können. Ich bin, wann immer ich darüber nachdenke, betroffen davon, daß meine zweite Ehe nun schon so lange nicht nur Bestand hat, sondern mit Leben erfüllt ist. Immer wieder ertappe ich mich bei dem Versuch, meine Frau zur Bergführerin, zum Seil oder zu meinem Halt zu machen. Ich weiß, das muß mißlingen. Wir sind Gefährten. Wir hoffen auf einen gemeinsamen Weg. Manchmal entscheiden wir uns für unterschiedliche Pfade um Hindernisse, kurz verlieren wir uns aus den Augen. Und dann schenkt uns Gott eine Nähe, von der wir nicht mehr loslassen möchten.

Es war im Sommer 1994. Wir waren von Freunden eingeladen in die Walliser Berge. Waren unterwegs auf der »Bella tolla« (Schöner Berg) auf etwa 3000 Meter. Ich wollte noch den nächsten Gipfel erreichen. Sie warnte – und gab nach. Plötzlich war die Gewitterwand da. Der Heimweg führte über einen kleinen Grat, nicht weit, wenige hundert Meter. Ich bin nicht schwindelfrei. Das Herz pocht bis zum Hals. Die Urangst, abzustürzen, in die Tiefe gerissen, in Abgründe verschlungen zu werden, ist schlagartig da. Man kann sie nicht wegdiskutieren, nicht mit den besten Argumenten. Sie hat mich an der Hand genommen wie ein kleines Kind, hat mich geführt und kein Wort gesagt. Sie war da und war Gefährtin. So ist sie. Mehr gibt es nicht zu sagen über meine Dankbarkeit. Vielleicht noch dies eine, daß ich dann weiter unten, als der Grat überwunden war und ich auf 2500 Meter links und rechts »Land sah«, wieder – ganz der »alte« – vorausging, schneller als sie, von einem Felsen zum anderen sprang und auf einen schnelleren Heimweg drängte. Wir waren längst beide naß, fast bis auf die Haut. Und ich hatte meine Sicherheit wieder, dank ihr, wie so oft. Wir haben nie darüber gesprochen. Man muß nicht alles sagen. Man kann auch nicht alles sagen. Das Gute zerredet sich leicht. Und doch ist es die Farbe, mit der wir alle unsere Bilder malen.

Stunden, Tage, Augenblicke,
du hast eine Bleibe.
Wir beide tragen herzwärts mehr,
eine Heimat.

Morgen wieder
suche ich nach einem Haus,
treibe Keime und schlage Wurzeln
im Geviert deiner Liebe.

Ob du meine Liebe spürst?
Ob ich deine Treue begreife?
Gnade uns Gott im Jahr der Händler,
er, der die Liebenden birgt
und die Suchenden einlädt
zum Schritt ohne Netz,
zum Fall ohne Boden,
zur Liebe ohne mein und dein.

Gnade uns Gott, es wird.
Ob heute oder morgen, es trägt.
Ob Leben oder Tod, es ist Liebe.
Laß es genügen dabei.
Zu vieles ermüdet.
Es reicht, wenn wir glimmen.
Hüte die Glut.

Anmerkungen

Die meisten Bibeltexte wurden entnommen aus: Lutherbibel, revidierter Text 1984, mit Genehmigung der Deutschen Bibelgesellschaft, Stuttgart.

1 Übersetzung nach Elberfelder Bibel

2 Kippenberg / Wewers, Textbuch zur neutestamentlichen Zeitgeschichte, NTD Ergänzungsreihe 8, Göttingen 1979, S. 183 f.

3 Strack / Billerbeck, Kommentar zum Neuen Testament I, Verlag C. H. Beck, München 1986, S. 804

4 Übersetzung nach Elberfelder Bibel; 5. Mose 24,1 f.

5 Vgl. Strack / Billerbeck, Kommentar zum Neuen Testament I, S. 315 ff.

6 Strack / Billerbeck, Kommentar zum Neuen Testament I, S. 311 f.

7 Strack / Billerbeck, Kommentar zum Neuen Testament II, S. 23

8 Strack / Billerbeck, Kommentar zum Neuen Testament I, S. 803

9 Geschichten aus dem Talmud, Frankfurt 1985, S. 233

10 Jochen Klepper, »Weihnachtslied«, Vers 4, aus: ders. »Kyrie«, Luther-Verlag, Bielefeld

11 O. Betz (Hg.), Simone Weil, Aufmerksamkeit für das Alltägliche, Kösel Verlag, München 1987, S. 84

12 H. W. Wolff, Anthropologie des Alten Testaments, München 1977, S. 134 f.

13 Jaques Prévert, Gedichte und Chansons RP 7, deutsch: Kurt Kusenberg, Copyright © 1962 by Rowohlt Taschenbuch Verlag GmbH, Reinbek

14 Nach 2. Mose 18

15 R. Schneider, Winter in Wien, Verlag Herder, Freiburg 1993, S. 258

16 V. Kast, Trauern, Stuttgart 1993, S. 72

17 E. Thurneysen, Die Lehre von der Seelsorge, Zürich 1980 (reprint), S. 143

18 M. Luther, Luther Deutsch, 9, S. 243

19 G. u. T. Sartory (Hg.), Lebenshilfe aus der Wüste, Freiburg 1992, S. 63